胜战之思

两位作战指挥学博士的战争观察

范瑞洲　郜　越◎著

金城出版社
GOLD WALL PRESS
北京·2021

图书在版编目（CIP）数据

胜战之思 / 范瑞洲，郜越著 . — 北京：金城出版社有限公司，2021.6（2022.11 重印）

ISBN 978-7-5155-2210-4

Ⅰ . ①胜… Ⅱ . ①范… ②郜… Ⅲ . ①军事理论 Ⅳ . ① E0

中国版本图书馆 CIP 数据核字（2021）第 097542 号

胜战之思

作　　者	范瑞洲　郜　越
责任编辑	李　涛
责任校对	李凯丽
责任印制	李仕杰
开　　本	710 毫米 × 1000 毫米　1/16
印　　张	12.5
字　　数	180 千字
版　　次	2021 年 6 月第 1 版
印　　次	2022 年 11 月第 3 次印刷
印　　刷	鑫艺佳利（天津）印刷有限公司
书　　号	ISBN 978-7-5155-2210-4
定　　价	48.00 元

出版发行	**金城出版社有限公司**　北京市朝阳区利泽东二路 3 号（100102）
发 行 部	（010）84254364
编 辑 部	（010）84250838
投稿邮箱	balimist0213@163.com
总 编 室	（010）64228516
网　　址	http://www.jccb.com.cn
电子邮箱	jinchengchuban@163.com
法律顾问	北京市安理律师事务所　18911105819

前　言　为和平而谋战

战争尤其是正义战争的目的就是赢得和平。

和平对于一个国家与民族是福，唯有和平方能国顺民昌、四海安居。但是，一支长期不打仗而居安又不思危的军队，犹如“自废武功”，注定将会在下一场战争中遭受失败的噩运。

遗憾的是，大多数国家的大多数人似乎有个“通病”：拥有时不珍视，失去后再去努力争取。这种“通病”蔓延到军队的“和平观”，便演绎了大国兴衰的更替史。

战争年代，军队的使命是结束战争、赢得和平。

和平年代，军队的使命是遏制战争、守护和平。

“男儿何不带吴钩，收取关山五十州。”作为军人，在铁马秋风中守疆御敌、开疆拓土，无疑最为壮烈、最为绚丽。这是战争年代军人价值的最高彰显！

但从某种意义上讲，对于一个国家与民族来说，最好的状态不是结束战争，而是永久和平；对于一支军队来说，最难的任务不是打赢战争，而是避免战争。

生在和平时期，虽然没有驰骋疆场的飒爽，但无数革命先辈用生命与鲜血换取的和平，需要我们去用心守护。这种使命践行的方式虽然显得有些平凡，但在涓如溪水的平凡中准备制胜下一场战争，续写明天的持久和平，其责任则更为艰巨。

当今世界正处于百年未有之大变局，在实现中华民族伟大复兴的历史进程中，战争的风险从未远去。思战方能善战，能战方能止战！学习战争、研究战争、制胜战争，不仅是作战指挥专业博士的职责，更是民族与时代赋予当代军人的使命。

在新一轮科技革命席卷而来的历史窗口，深层思考战争本源，深入研究经典战例，探寻挖掘指挥哲理，绸缪制胜现代战争，前瞻明日战争形态，对于启发与帮助军事理论研究者与指挥员更好地树立正确的战争观，认清未来可能的作战对手，理解作战指挥要义精髓，破解军事斗争准备中的现实问题，把握战争形态的发展趋势，增强居安思危的国防意识，无疑具有十分积极而重要的意义。

在大兴军事与作战问题研究的时代背景之下，在诸多理论著作的光彩炫目之下，也许我们的研究成果并非格外显眼，但书中的所有内容都是精挑细选的当今军事理论界最为关注的话题，都是两名青年博士对战争、作战指挥及未来制胜之道长久苦苦思索的结晶，折射着新时代两名普通青年军官敢于担当的时代风貌，闪耀着对战争与作战指挥思考的思想火花。我们期望本书中的某些片段或观点能够给读者带来些许灵感、启发与思考，这是我们的基本目标。当然，如果能够对我军军事斗争准备与军队建设提供一些参考借鉴，那就是对我们的最高褒奖。

由于作者阅历与研究能力有限，书中很多观点可能不够成熟，诚请各位专家学者与读者批评斧正。

2021 年 3 月于北京

目　录

战争原理篇

学战研战篇

指挥哲理篇

谋战制胜篇

科技创新篇

下一场战争

战争原理篇

战争原理是主控与演绎战争实践的底层逻辑，只有深刻认识战争原理，才能把握战争发展的脉搏，掌握制胜未来战争的法门；否则就是盲人摸象、雾里看花。

战争形态演变的激荡与平和

每当谈到“战争形态”，人们似乎已经习惯于将人类战争史清晰地切割为冷兵器战争、热兵器战争、机械化战争、信息化战争以及即将到来的智能化战争五个阶段。

每当谈到“战争形态”的演变，人们似乎已经习惯于与“新军事革命”或“新军事变革”联系在一起，好像一种战争形态替代另一种战争形态势必将是一场异常激烈的革命或变革。

纵观人类战争史，激荡从没离开“平和”而单独存在。在整个战争形态演进的历史长河中，既有波涛汹涌的激荡，也有涓涓细流的平和。战争形态演进的过程就是跌宕与缓流交替而行的过程！

站在战争形态演变的历史长河来看，战争形态交替的过程确实异常激烈。多数军事研究者之所以普遍接受将战争形态划分为冷兵器战争、热兵器战争、机械化战争、信息化战争及智能化战争，是因为每一个战争形态的兴起确实对上一个战争形态产生了巨大的冲击；这种冲击就像在相对平静的湖面丢下一枚沉重的石子，它的激荡使湖面久久不能平静……这种冲击的激烈性，主要体现在它不仅改变甚至颠覆了人们对战争本质、战争目的、战争手段、战争形式等战争本源性问题认识的战争观，而且可能还会打破世界力量的旧格局，重塑新的世界秩序。作为观看战争舞剧的观众，这种新生战争形态夺取战争舞台的坚定性与旧有战争形态固守战争舞台的后惯性、新生战争形态的先进性与旧有战争形态的成熟性在战争舞台上激烈交锋，在人类战争史上演绎出一幕幕异彩缤纷的舞剧。

身处战争形态演变过程之中，又往往很难感受到战争形态演变的跌宕。同样，即便人们已经习惯于把某个时间点或某一场战争标榜为一种新的战争形态来临的代表，但多数情况下那也只是几年甚至几十年之后的重新审视。身处其时的大多数人甚至知名的军事专家，也并非能够完全意识到一场新的战争形态即将或已经到来。换句话说，当人们能够正式谈及或认可新的战争形态时，其实新的战争形态早已“悄悄”登上了战争的舞台，只是由于人们身处某一特定时空之中，视野聚焦或重点关注于某一细节，而忽视了这正是战争长河演进过程中最激烈的跌宕。

新的战争形态强势登场为战争形态的演变带来新的平和。在战争形态演进的过程中，“激荡”与“平和”状态犹如人类社会发展过程中的战争与和平。一种新的战争形态在战争史上击起“激荡”之后，能够为战争形态演进的过程争取一段时间的“平和”。之所以称之为“平和”，是因为战争形态在一段时间内不再被新概念所刷新，但并不意味着战争形态演进的减速。这一“和平”时间段内，人们会围绕这一新的战争形态深化研究、丰富发展，使这种新的战争形态从设想到概念、从理论到实践、从幼小到成熟。当然，这一过程既是新的战争形态逐步占据战争舞台的过程，也是“逼迫”旧的战争形态退出战争舞台的过程。

没有平和的渐近演变，演绎不出新的战争形态异军突起。战争形态演变的过程从来不是“激荡”状态简单的断层式叠加，在“激荡”之间还有更长的“平和”，并且这段“平和”才是新战争形态的孕育之母。新的战争形态何时突起不是取决于上一种战争形态的“演变的激荡”，而是取决于上一种战争形态之后的“渐近的演变”。“激荡”从来不会凭空产生，只有“平和”演进状态累积叠加到一定程度，新的战争形态才会异军突起。因此，一种新的战争形态到底何时到来，到底何时能够完全取代一种旧的战争形态，从来没有固定的时间表。这主要取决于平和的渐近演变过程。作为军事理论研究者，不仅要关注战争形态演进的“激荡”，更要关注战争形态演进的“平和”。因为“激荡”能否到来、何时到来，取决于“平和”。

如何正确审视战争的复杂性

思维方式和科学理论的突破势必催生全面性、颠覆性的变革。以复杂性科学为核心的现代科学理论的兴起，不仅将以“确定性”和“因果关系”为核心的传统科学思维方式推到了人类认知的风口浪尖，而且带动了不少军事理论家掀起对战争复杂性研究的思潮。顿时，战争的复杂性好像空中坠体一般迅速突显，并引起不少作战和作战指挥研究人员的困惑和彷徨。战争何以复杂？如何复杂？既然战争充满诸多不确定性，既然战争如此复杂，我们还有没有必要研究战争规律？战争的复杂性与战争的规律性之间到底有何关系？

一、战争的复杂性是战争的内在固有属性

从辩证唯物史观的角度看，战争的复杂性不因复杂性科学而存在，但因现代战争的网络化和复杂性科学的兴起与发展而呈现。

战争的复杂性是战争的本来面目。军事领域是最具对抗性、最具创新性、也最具不确定性的领域。战争作为军事对抗的最高形式，涉及天文学、气象学、地理学、指挥学、心理学、物理学、化学、材料学、管理学等几十门学科，是“道、天、地、将、法”等各种因素的综合较量。其复杂性自人类战争开始而生，随战争发展而演绎。

战争复杂性寄生于战争，内含于战争，依附于战争，只要战争存在，战争的复杂性便一直与战争同在。无论我们是否承认，自人类战争史以来，复杂性作为战争的一般典型特点，就已成为战争内在的、本质的、必然的客观属性而存在，不会因为我们没有认识到而消失，也不会因为我们认识的有限而削弱。可以说，历史上没有任何一位军事理论大家对战争的复杂性有质疑；“拨开战争的迷雾”“破解战争的密码”“探寻战争的奥秘”等，从本质上说就是试图解读和掌握战争的复杂性。

网络化加剧了战争的复杂性。复杂不仅源于数量，更源于结构。无论数量再多，线性结构就算不上复杂。从系统论角度来看，结构就是一系列关系的总和。而作战要素之间相互作用越多，产生关联越多，关系链路就越多，结构也就越复杂。一个时代有一个时代的战争特点，战争的复杂性也具有典型的时代特殊性。在冷兵器、热兵器战争时代，由于指挥通信手段的落后，指挥员、指挥机关、被指挥者、指挥信息之间的关联性和互动性非常有限。但信息化战争时代，由于网络信息体系的运用，使指挥员、指挥机关、武器装备和作战人员之间及其内部的联系呈现多样化、网络化、高频化，使战争体系的结构更加紧密、耦合、复杂。结构决定特点和功能，网络化必然使战争体系的复杂程度成级联效应瞬间倍增。

复杂性科学突显了战争的复杂性。战争的复杂性自战争产生而始，又存在于人类战争史的始终，但为何至今我们才如此清晰地提出战争的复杂性这一概念？正如毛泽东所说：“理性认识依赖于感性认识，感性认识有待于发展到理性认识。”[1]对战争复杂性的认识也是一种渐进改进和不断深化的过程。从“迷雾”到“复杂性”就

1 《实践论》，《毛泽东文选》第一卷，人民出版社，1991年，第291页。

是图形化到概念化的过程，就是感性认识到理性认识的飞跃过程。而推动认识产生飞跃的原动力是思维方式和科学理论的突破。正是随着现代科学技术的发展以及数理统计、大数据、模拟仿真、人工智能等现代科学研究手段的运用，才使我们发现了自适应、不确定性、涌现性等复杂性系统的共性特征。而传统科学思维方式和理论在解释复杂性现象面前裸露的骨感与乏力，呼唤思维方式和科学理论的突破。如此，复杂性科学理论就把战争的复杂性从战争规律的幕后推到了台前。

二、“人的参与”是导致战争复杂性的根源

战争之所以呈现自适应性、不确定性、涌现性等复杂性特征，传统机械思维方式之所以难以合理解释其复杂性，归根结底是因为战争中有人的参与，人的“生命性”将战争体系“生命化”。

作战指挥的高度主观性。作战指挥是战争对抗的最高层次，是推动作战双方矛盾转化的原动力，是一切作战行动的总阀门。在客观物质条件一定的条件下，从某种程度上说，作战的过程就是作战双方指挥员指挥谋略和指挥艺术的博弈过程。而指挥员谋略水平的高低、指挥艺术的优劣，又取决于指挥员的个体素质和个体素质的释放情况。由于指挥员思维方式不同、知识储备不同、实战经验不同、身体心理素质不同，其个人素质必然呈现极大的差异性；另外，生理学研究表明，不同的环境、不同的时间、不同的身体状态，同样的个体素质释放的效能也有明显差异。因此，个人素质的差异性和素质释放的不稳定性，必然导致指挥谋略和指挥艺术的差异性，进而使得作战指挥这一战争的导控端呈现主观性和复杂性。

人与武器装备的一体化。冷兵器、热兵器和机械化战争时代，

武器装备主要是基于机械能、化学能、热能等物理和化学原理设计的。人与武器装备发生关联的主要形式是操作，人对武器装备效能发挥的主要影响因素是操作的熟练程度。由于人生理的极限和作战双方充分的作战准备，操作熟练程度的差异性趋于缩小。但随着武器装备信息化程度不断提高，人与武器装备的关联由外联性转为融合性和内嵌性。具体来说，就是通过网络化将人与武器装备连为一体，实现人与武器装备的高度综合集成，使武器装备智能化、人的智能武器化。换言之，武器装备作战效能的生成和释放方式对人的智能或人工智能的依赖性更高。毋庸置疑，作为生命体的典型特征，人的智能或人工智能必然使人与武器装备一体化的作战平台更加具有复杂性，使其作战效能的释放更加具有不确定性。

战斗个体的灵活可塑性。纵观人类战争史，无论哪种作战形态，人始终是战争的发起者、组织者和参与者。没有人的参与，战争就像一台没有动力的机器，永远无法运转。一方面，虽然现代战争的信息化程度越来越高，但信息化武器装备和信息化设施设备最终还要通过人的操作来启动，还要通过人进行维修和维护；另一方面，每个战斗个体的科学技术水平和文化知识、对武器装备和设施设备性能的了解和掌握程度、对上级指挥员作战意图的理解程度、对作战行动的熟悉程度、对战场环境的适应性、战斗精神的激发程度，身体心理机能的状态等各项因素，均具有很大的差异性、可塑性。当然，每项因素的差异性和可塑性必然导致战斗个体效能作用呈现更大的不确定性，最终成为导致战争复杂性的重要因素。

三、战争的复杂性并不否认战争的规律性

战争的复杂性并非表明战争没有规律可循，也并不意味战争规

律无法认知；能够认识战争的复杂性，恰恰说明我们对战争的认识更加深化，是把握战争规律的特定实践阶段。

战争的复杂性本身就是对战争规律的认识。战争规律是隐藏在战争实践中的不以人的主观意志为转移的、内在的、本质的、必然的联系。战争规律看不见、摸不着，但在战争实践中又无时不在、无处不在，时刻支配着人类战争实践。但战争规律不会主动呈现出来，需要从大量的现象中去粗取精、去伪存真，由表及里、由此及彼地进行深入分析、探寻、认识和把握。一直以来，战争研究者从来没有停止对战争规律的认识和探索，也取得了诸如《孙子兵法》《战争论》《战争艺术概论》等诸多成果。但由于认识手段的受限，以往主要采用传统机械思维方式去拆解战争体系的结构，最终便只能将无法解释的逻辑将其概化为“战争的迷雾”。如前所述，其实战争的复杂性自始至终就存在于战争实践之中，本身就属于战争规律的一部分，只是我们之前没有识别其“庐山真面目”。

战争的复杂性具有相对性和可知性。从宏观上辩证地看，既然我们已经认识到战争的复杂性，那么从反面来看，战争其实并非不可认知，否则我们就认识不到其复杂性。从矛盾运动的一般规律讲，战争的复杂性与简单性本身就是一对矛盾，在一定条件下可以相互转化。因为战争的复杂性不仅取决于战争系统的本身结构，也取决于我们的主观认识程度。认识是一个不断深化的过程，认识永无止境。也许我们现在认为的战争的复杂性，其实仅仅是对战争认识过程中的一个不成熟的阶段。随着科学技术水平的不断提升，尤其是模拟仿真技术和人工智能技术的融合运用，我们对战争复杂性的认识必然会更加深入。一旦我们真正认识了战争复杂性的本质，那么战争的复杂性可能就变成了简单性。

研究战争规律就是破解战争复杂性何以复杂。习主席指出：“现代战争确实发生了深刻变化。这些变化看上去眼花缭乱，但背后是有规律可循的，根本的是战争的制胜机理变了。”[1] 如果我们不能认识战争的规律，不能驾驭这些规律，便只能受这些规律的控制。如果作战对手首先认识和掌握了这些规律，那么在未来战争中，我们必败无疑。作为马克思主义唯物史观的坚定信仰者，我们绝对不能将战争的复杂性作为放弃战争研究的理由和借口，相反应将其视为探索战争规律的动力和新的起点。复杂性科学思维方式为我们认识战争提供了一个崭新的视角，但同时我们也不能完全囿于复杂性科学理论，将战争的复杂性理所当然地成为一种思维定式而故步自封。要坚信“可知论”，从不同的视角、综合运用大数据和人工智能等多种技术手段，去破解战争复杂性背后的复杂逻辑。

1 《与时俱进创新战略指导》，中央军委政治工作部：《习近平强军思想学习纲要》，解放军出版社，2019 年，第 65 页。

解密信息化战争制胜之道

关于信息化战争的制胜机理，有的人说是夺取制信息权，有的人说是结构破坏制胜，也有的人说是联合制胜……不可否认，这些观点均从某一方面阐释了信息化战争的特征。

其实，无论是机械化战争，还是信息化战争，都有一个作战指令流转的过程。从作战指令流转的角度分析，作战行动的过程就是下达作战指令、传递作战指令、执行作战指令、反馈作战行动、评估作战行动、下达新的作战指令等的过程。

信息化战争，无非是下达作战指令的主体是人机结合，传递作战指令的载体是信息化指挥手段，执行作战指令的客体是信息化武器装备；同时，执行完毕后，又能通过信息化手段反馈到指挥主体。简单地说，从信息流的角度讲，信息化战争，就是信息在信息源（指挥者）、信息站（指挥通信手段）、信息端（武器装备）之间的循环往复，就是一条完整的信息链。

打赢信息化战争的根本之道就是确保信息链的完整。

现在我们所讲的电子战、网络战、太空战，也都是围绕信息链的维护和打击展开的。

提高信息化战争的作战能力，无外乎就是确保我方信息源和信息站的安全，以及信息端的准确接收和反馈，防止信息链被敌隔断、干扰。

那么，如何才能降低信息链被敌隔断、干扰的风险呢？主要还应从信息源、信息站、信息端的角度说起。

首先，信息源要具备自动开闭功能。信息源，往往也是指挥员和指挥机关所在位置，是作战行动中敌方打击的首选目标。信息源一直开机，肯定容易暴露，同时也意味着指挥所也将暴露，所以信息源要具备需求式自动开闭功能。即发射信息后，立即进入休眠、关机状态；信息反馈时，信息源自动激活接收；接收完毕，瞬时再次进入休眠或关机状态。而后采取物理隔绝方式进行信息分析和处理。以此，减少信息源暴露征候，降低被敌攻击、干扰、破坏的风险。

其次，信息站数量要“蜂群式”增加。信息站是信息传递的中转站，在整个信息链条中起核心支撑作用，也是被敌人打击的重点目标。能否确保信息站的安全，不仅事关信息能否顺利流转，更是影响甚至决定信息化战争的成败。所以要大幅增加信息站数量，要实现信息站的多元化、运动化、隐蔽化、无人化，要在深海、极地、太空等新的空间领域建设信息站。总之，就是要建设“信息站蜂群”，提高敌人打击的难度和成本。

再次，实现武器装备的功能集成化。目前，武器装备的功能更加单一，并且对信息流的依赖性太大，一架战斗机离开预警机、侦察机，好像就无法完成作战任务……我们必须意识到，武器装备的专业分工及其对信息流的高度依赖性势必成为制约武器装备效能发挥的最大软肋和短板。因此，今后我们要发展集成化武器装备，单个武器装备要具备侦、控、打、评的功能，单个武器装备就是一个完整的作战单元，能够独立遂行作战任务。即根据战前作战计划任务清单，单个武器装备自主执行任务，任务完成前尽量减少与指挥主体（信息源）的信息流转。

此外，信息要采取网状动态跳频传递。网状，是指信息流的通道要有多条，敌人打断一条，并不影响信息流转；动态，是指信息流的网状结构要时刻处于变化之中；跳频，是指单个通道不能固定不动，也要处于运动之中；以此提高敌人捕捉、干扰我信息流的难度。

综上所述，打赢信息化战争的密钥就是围绕信息链的完整，着眼敌人可能使用的作战方式、作战手段和打击目标，增厚我方信息链之盾，锐利攻敌信息化之矛。

信息优势主导作战胜势的内在机理

随着信息化战争形态演进的不断成熟，国内外对现代战争中信息重要性的认识趋于一致。近年来，“信息优势”“信息主导”等概念已然成为军事理论研究的“最火明星”，也成为各国军事斗争准备和军队建设争相竞逐的目标。近年来，我军某部研究成果更是明确指出“信息优势成为制胜的主导因素”，并进行了相关论证与阐述。但信息优势主导作战胜势的内核实质是什么？有何内在逻辑？有何具体体现？有何实践要求？在系统学习研究成果的基础上，显然对这些本源性问题进行二次深入研究与思考，对于我们更加深入地理解与认识现代战争的特点规律、制胜机理，以及获取信息优势，进而达成作战胜势具有重要意义。

一、信息优势主导作战胜势的内核实质

“信息优势主导作战胜势”的力量感、穿透力，不在于其语言本身的简明性、凝练性，而在于它反映了信息化时代的典型特征，提示了信息化战争形态的内在规律，指出了制胜现代战争的发力点。

揭示信息成为左右作战成败的主导因素。纵观战争形态的演进过程，战争形态不同，战争对抗的主体与左右作战成败的主导性因

素也不同。冷兵器战争，战争对抗的主体是人与人，左右战争成败的主导性因素是人体能的大小；热兵器战争，战争对抗的主体是人与火枪、火炮结合的战斗体，左右战争成败的主导性因素是人操作武器装备技能水平的高低；机械化战争，战争对抗的主体是飞机、坦克等武器装备平台，左右战争成败的主导性因素是武器弹药的杀伤“当量”；信息化战争，战争对抗的主体是基于网络信息体系的作战体系，左右战争成败的主导性因素是能够影响作战体系结构、运行方式与稳定性的最大因子——信息。

突显信息对于体系能力构成的核心作用。体系对抗是现代战争的基本对抗形式，要想取得作战胜势必须形成体系作战能力的整体优势，而体系的作战能力又取决于作战体系的构成方式与作战体系的稳定性。在整个作战体系中，信息不仅是链接与聚合作战资源、作战要素、作战单元、作战子系统的神经与筋骨，其影响也广泛渗透于作战目的、作战力量、作战指挥、作战行动、作战时间、作战空间等构成作战要素的各个领域、各个方面。作战目的能否统一、作战力量能否整合、作战指挥能否高效、作战行动能否联动、作战资源能否统筹、作战保障能否精准，关键在于能否获取信息优势。信息没有黏合，整个作战体系就会成为一盘“散沙”。

反映主观指导符合客观实际的时代发展。从一定意义上说，信息是战场情况的客观反映，信息优势是对战场客观情况掌握的优势。因此，“信息优势主导作战胜势”就是“知己知彼，百战不殆”这一亘古不变的作战铁律在信息化战争中的时代体现。而知己知彼方能百战不殆的深层逻辑则是：只有主观指导符合客观实际，形成的主观指导才能正确地指导客观实际。因此，从根本上说，信息优势主导作战胜势不是信息时代作战理论研究的凭空捏造，而是对“主观指导必须符合客观实际”这一作战普遍规律的时代反映。

二、信息优势主导作战胜势的内在逻辑

从一般意义上说，任何矛盾都有其内在运行机制。同样，信息优势不会“无缘无故”地主导作战胜势，其内部深藏着“信息优势—决策优势—行动优势—作战胜势”的逻辑脉络，是一个梯次运动转化的过程。

信息优势决定决策优势。信息优势是取得作战胜势的第一链条。无论是伟大军事家毛泽东关于“指挥员正确的部署来源于正确的决心，正确的决心来源于正确的判断，正确的判断来源于周到的和必要的侦察……”[1]的论断，还是著名美国空军退役上校约翰·博伊德的“观察—判断—决策—行动”指挥周期理论（简称OODA），均充分论证了准确全面获取客观真实的战场情况是实施正确决策的前提条件，没有战场信息的支撑，不可能做出正确的决策、实施正确的指挥。无论战争形态如何演变，先观察后判断、基于信息决策这一作战指挥的基本逻辑不会变。另外，由于信息广泛渗透于作战的各个要素，信息优势决定决策优势不仅体现在对战场情况的获取优势上，而且体现在及时、快速、准确的信息传输、信息处理能力上。

决策优势决定行动优势。决策优势是取得作战胜势的核心链条。从某种程度上说，作战指挥的过程也是定下决心和实现决心的过程。换句话讲，决策上承观察判断、下启作战行动，是整个作战链路中最为关键之环，对整个作战具有“牵一发而动全身”的作用。具体来看，决策包括作战力量编组与部署、作战阶段划分与转换、主要作战方向和重要目标选择、战役战术制定、作战指挥与保障、作战资源调配、作战行动之间的协同与配合等各个作战要素。决策正确，各个要素

1 《中国革命战争的战略问题》，《毛泽东文选》第一卷，人民出版社，1991年，第179页。

就会推动作战行动向着预定作战目标发展，形成行动优势；决策错误，各个要素就会推动作战行动偏离作战目标越来越远，丧失作战行动优势。另外，在整个“OODA”作战指挥链路中，只要获取决策优势，先敌决策，发起新的作战行动，就可使对方被动陷入“OODA”的死循环，无法发起作战行动，从而获得另一层面上的行动优势。

行动优势决定作战胜势。行动优势是达成作战胜势的最后一段链路。如前所述，现代作战是作战体系与作战体系的整体对抗，并且这种作战体系不是静态的作战体系，而是动态的作战体系；这种对抗不是作战体系之间的接触对抗，而是作战体系之间通过释能的非接触对抗。说到底，战争形态演进至今，战争对抗的本质还是能量对抗。具体来看，行动释放能量，能量构成体系；作战过程中，局部行动优势形成局部能量优势，局部能量优势便叠加与积累为作战体系的整体胜势。

三、信息优势主导作战胜势的具体体现

当一种因子能够主导作战成败时，这种因子的深层影响力必然已经渗透于各个作战要素。同样，信息对现代作战的影响可谓“无孔不入”，信息优势能够向作战力量、战场空间、指挥控制、火力打击、作战行动、作战保障等各个方面转化。

主导作战力量高度融合。体系对抗是现代战争的典型特征，而体系对抗的实体则是作战力量的整体对抗。各个孤立分散的作战力量之间能否形成整体、形成合力，关键在于各个作战力量之间能否架起一座互动的“桥梁”。随着信息技术的发展和武器装备信息化程度的提高，使得异域分布的武器平台之间能够互联互通。因此，虽然在物理域各个作战力量之间看似分散式部署，但通过打通信息

域的“任督六脉”，各个作战力量其实已经成为一个随时可以攥指成拳的整体。

主导战场空间一体感知。从物理空间上来看，现代战争是多军种作战力量在陆、海、空、天、电、网、核等多维空间进行的多域作战，并且有向深海、极地等新型领域拓展趋势。如何将如此浩瀚作战空间的战场情况“尽收眼底”，成为制胜现代战争的首要考虑选项。以信息优势为主导的网络电磁空间凭借其不受物理空间、传统疆域限制的独特优势，无疑成为贯通物理空间的“通道”，为实现战场空间一体感知提供了现实可能。

主导指挥控制扁平快捷。指挥手段决定指挥结构。随着指挥手段的不断发展，指挥结构的发展经历了“串联结构—树状结构—网络结构”的过程。网络信息体系不仅实现了战略、战役、战术的纵向贯通，而且实现了各军种、各兵种之间的横向互联，为减少指挥层次、增大指挥跨度提供了现实可能。作战过程中，指挥信息不必经过层层“过渡”下达，战场信息不必经过层层“接力”上报，指挥结构更加扁平，指挥链路和指挥周期大大缩短，指挥的时效性和有效性明显提升。

主导火力打击精确高效。机械化战争，作战双方追求武器装备杀伤力和破坏力的极限增长，火力打击在摧毁目标的同时，也带来了巨大的附带杀伤和高昂的打击成本；信息化战争，嵌入信息技术的精确制导弹药和精确制导武器，能够自寻、判断、辨识、跟踪、打击目标及评估目标毁伤效果，使火力打击的目标能够延伸到“山的那一边”，使火力打击的精确性几乎达到“百发百中”，真正实现了发现即打击、打击即摧毁，极大地提高了武器装备和弹药资源的使用效率。

主导作战行动协调一致。现代战争对抗力量多元、作战空间不断拓展、时间要素不断升值等特点导致作战行动的复杂性前所未有，对作战行动的协同要求之高前所未有。可以说，没有作战行动的协调一致，就不可能形成整体作战合力，就无法实现聚能增效，就无法达成统一的作战目的。按照“信息主导认知、认知主导行动”的基本逻辑，不难反推出“作战行动同步整体联动依赖于指挥信息快速及时到达，指挥信息快速及时到达依赖于战场态势实时感知共享，战场态势实时感知共享依赖于战场信息优势的获取”之结论。

主导作战保障精准聚焦。有作战行动就有作战保障，没有作战保障的支撑，作战行动便成为无源之水，作战行动取得成功也犹如“痴人说梦”。作战行动与作战保障始终形影相伴、步调一致。现代战争大空间、高强度、快节奏的特点，在给作战行动提出精准要求的同时，必然要求作战保障必须围绕作战行动精准聚焦。战场信息链路的畅通，使战场需求与保障供给之间能够实时对表，实现了“在最恰当的时机把最合适的作战力量与资源投放到最需补充的作战区域与作战单元”。

四、信息优势主导作战胜势的实践要求

既然信息优势能够主导作战胜势，那么如何取得信息优势必然成为最具军事理论研究价值的重大课题。总体来看，获取信息优势应以夺取制信息权为首要、以实现信息共享为关键、以满足信息需求为标准。

以夺取制信息权为首要。信息优势主导作战胜势的作用，不仅体现在信息对作战力量、战场空间、指挥控制、火力打击、作战行动、作战保障等作战要素的渗透、融合与聚效上，更直接体现在围绕夺取制信息权的信息作战已成为一种独立的作战形式，并且这种作战

形式已成为现代战争的“开场战”，成为主导其他作战形式能否顺利展开的“关键战”，成为贯彻作战全程甚至平战一体的“持久战”。获取信息优势，在很大程度上必须以夺取制信息权为基础与前提。没有制信息权，己方信息系统就无法正常运转，己方信息就无法正常顺利获取、传输与处理，信息优势当然也便无从谈起。

以实现信息共享为关键。信息共享既是获取信息优势的逻辑起点，也是组织筹划和指挥控制作战行动的基础与前提，其根本目的是统一作战认知。获取信息优势的第一条也最为关键的一条就是实现信息共享。信息无法共享，信息优势就是一句空话。具体来说，就是要通过战略规划与顶层一体化设计，打破各个军兵种信息系统之间的壁垒，畅通战场信息链路，实现陆、海、空、天、电、网、核等多维空间的不同作战域，以及不同作战集群、作战部队的战场态势实时一体感知。通过信息的实时共享，在确保准确全面掌握战场客观情况的同时，使不同层级、同一层级的不同指挥机构同步进入情况，同步作战筹划，以提高作战决策和指挥控制的时效性、针对性。

以满足信息需求为标准。任何事物都有正反两面性，各种信息传感器在战场上的广泛应用，使战场侦察、监视、传输和处理等能力得到根本性提高，这一方面确实给作战决策提供了海量信息资源，增强了战场的透明度，拨开了战争的迷雾，使作战决策有据可依；但另一方面也同时向决策者输送了大量虚假与无用信息，使作战决策不知所措。信息不是越多越好，信息优势也不能简单地用获取信息的多少来衡量，关键要看是否有助于准确反映战场客观情况，是否有助于指挥员快速科学判断决策，是否有助于及时高效指挥控制作战行动。

学战研战篇

深厚的战争哲理存在于丰沃的战争实践之中。对原汁原味的经典战例研究得越深刻，对战争制胜之道与指挥之道理解就越深刻。在浩如烟海的战史中，具有代表性的经典战例的确不少。但从指挥艺术的角度，长勺之战、滑铁卢战役、一江山岛战役，犹如一颗颗珍珠显得格外耀眼，其折射的指挥之道、制胜之道，至今依旧熠熠生辉。

从长勺之战析指挥哲理

在人类社会的演进过程中，共发生大小战争 14500 余次，战争与战争准备时间远远大于和平时间（329 年）。在如此漫长的人类历史画卷中，能够留下烙印的战争着实不多，能够让后人唏嘘与惊叹的著名战例更是屈指可数。长勺之战至今虽已时隔 2700 多年，但其以少胜多的指挥艺术至今仍在中外战争史上熠熠生辉，其折射与彰显的战争规律与战争指导规律显然已穿越时空界限，值得每一位当代指挥员与军事研究者反复深思与揣摩。

一、安邦定国是一种最高意义上的战略防御

指挥，说到底是一种领导工作。当然其不仅适用于某一项具体的战役战斗，也适用于国家战略。我们研究作战指挥绝对不能仅仅局限于作战本身，必须站在国家博弈的高度思量。成帝国不可一蹴而就，败帝国则可一夜之间。一般来说，大国的成长需要一个较长的过程，同样要想轻易战胜一个比自己更加强大的守成国也绝非易事。除非强者自败！任何一场战争都有其时代背景，都是现实矛盾运动转化的产物。反观长勺之战时齐鲁两国国力对比，若非齐国自身出现问题，鲁国根本不具备与齐国较量的实力与勇气，要想战胜

比自己疆域更广阔、经济更发达、兵力更雄厚，在东方地区首屈一指的齐国，可能性微乎其微。但正是齐襄公贬谪公孙无知，公孙无知杀君篡权，公子纠与公子小白发生夺权之争，才造成国势动乱、鲁国与莒国便乘机染指齐国内政。进攻与防御不仅是两种基本作战样式，同样也是国家博弈的两种基本样式。进攻是最好的防御，在大国崛起的道路上，也许内修政治、稳民强国的方式不如交兵征战、对外扩张来得更直接、更有效，但在弱与强的竞力之路中，做好自己的事，不给对手进攻的机会，是根本与基础，即做好防御也是国家较量的应有之义。

二、冲动的战争注定是一场失败的战争

“兵者，国之大事，死生之地，存亡之道，不可不察也。”“主不可以怒而兴师，将不可以蕴而致战。”“合于利而动，不合于利而止。”战争本来是一件十分严肃的事情，关乎国运民生，必须基于国家利益谋划决策。但公元前684年春，齐桓公即位后不久，却不顾管仲“内修政治，外结于国，待机而动”的国策，为报复鲁国支持公子纠即位的宿怨，轻率盲动地发起长勺之战，这不得不说最高指挥员犯了战略性错误。事实证明，齐桓公的冲动也必然遭受冲动的惩罚。也许有人会质疑“难道历史上所有轻率挑起战争的发动者都以失败而终吗？”当然并非如此！战争是政治的继续，政治是不流血的战争。尤其是在指挥机构不是很健全的古代，战争的发起受君主个人意愿影响较大，难免会掺杂情绪因素的影响。即便近代及现代，个别霸权强国也可能在考虑不是很成熟甚至以泄私愤为目的，对小国、弱国轻率发起战争，并凭借其绝对强大的国力赢得了战争的胜利。但由于轻率发起战争并非国家战略的最佳选择，由战

争带来的这种短暂或局部胜利将使其失去更大的战略利益。所以基于国家总体利益的大盘子，冲动的战争注定是一场失败的战争。

三、作战效能的最佳释放是作战指挥的根本目的

无论是指挥艺术，还是指挥科学，其目标无外乎是将作战力量在最佳的时间、最佳的地点，以最合理的运用方式释放出最大的作战效能。回望古今中外战争史，无论指挥员如何定决心，如何指挥控制作战力量与作战行动，其宗旨无一例外地是将作战效能极限释放。长勺之战确属战争史上以弱胜强的光辉典范，但这里所说的以弱胜强是作战力量的静态对比；严格意义上说，以弱胜强是不存在的，最终还是需要通过对作战力量的动态利用与运作，使弱者产生的作战效能大于强者产生的作战效能。从指挥的角度讲，之所以相对弱势的鲁国能够战胜相对强势的齐国，其根本逻辑在于曹刿深谙并遵循“避实击虚”之道，能够做到“我不欲战，虽画地而守，敌不得与我战者”，能够抓住齐“一而鼓，再而衰，三而竭”的疲惫窗口，避齐锐气，击齐惰气，使作战效能在最合适的地点、最合适的时间以最优的方式得到整合与释放，形成鲁强齐弱的局部时空优势。总之，指挥的根本目的就是使自己的力量产生更大的作战效能，使敌人的力量产生最小的作战效能，用自己最强大的状态去攻击敌人最弱小的状态。

四、胜算是确定战争发起时机的唯一基准

有军事专家评论认为，长勺之战不仅是以少胜多的著名战例，更是开创了“后发制人、敌疲我打”防御战略思想的先河，用近乎

完美的战绩演绎与诠释了“后发制人”的要义精髓，对后世影响极为深远。但“后发”并非消极地被动挨打之后再发，而是谋势而发、蓄势而动！这一战略思想与当前我军“积极防御”战略思想具有高度一致性。另外，由于现代战争作战进程加快，作战强度增大，首战即决战的意味空前突显，相当数量的军事专家尤其是奉行霸权主义的西方政客与军事学者强调必须注重“先发制人”。于是当前在军事理论界，“先发制人”与“后发制人”的争论便成效而上。那么究竟是先发制人，还是后发制人？其实，从根本上来说，战争发起的时机不是军事指挥员能够确定的，必须服从并服务于政治需要。但抛开政治因素，“先发制人”与“后发制人”并无优劣之分，“制人”并非越早越好，也并非越晚越好，关键是要看能否“制人而不制于人”，能否“发战而胜”，即以胜算的大小确定战争发起的时机。

五、指挥员的作用主要是处理关键矛盾问题

战争是人类社会中最复杂的活动，是物质、精神、思维的综合较量与对抗；作为策划与上映战争的幕后导演，作战指挥无疑也是一项十分繁重复杂的工作。在指挥领域，基本得到普遍认可的工作就有理解任务、判断情况、确定构想、定下决心、组织计划、作战协同、指挥保障等等，各项工作内部涉及的因素更是错综复杂。每个人的精力与能力都是有限的，再优秀的指挥员也不可能事必躬亲，其作用主要是抓住影响战争走向的关节，处理好战争进程中的关键矛盾问题。比如，长勺之战中，曹刿主要是协助鲁庄公确定了合理的战争地点，合理的反攻时机，合理的追击时机。当然，不同层次的指挥员，需要解决的关键矛盾问题也有层次之分。战略指挥员主要解决打不打、和谁打、什么时机打的问题，战役指挥员主要解决

战役力量如何使用、战役阶段如何划分、战役战法如何选择等怎么打的问题，战术指挥员主要解决如何达成具体战斗目的的问题。

六、指挥是决定战争胜负最具能动性的要素

自古以来，人们之所以对“以少胜多、以弱胜强”的经典战例赞叹不已，显然是因为多应胜少，强应胜弱。那么战争结局何以出现逆转？毫无疑问，我们应该从战斗力的生成要素谈起。从某种意义上说，人、武器装备、人与武器装备的结合方式是构成战斗力的三大要素。而人与武器装备的结合方式又主要由人决定。既人是战斗力生成的根本能动要素，没有人的因素，作战力量就是一堆废铜烂铁，就谈不上战斗力。当然人的能动作用体现在诸多方面，但作为导控战争舞台的动力源，指挥无疑犹如皇冠上的明珠，直接左右战争胜负的天平。当然指挥的能动作用不仅体现在不同指挥员的能动作用不同，也体现在同一指挥员所发挥的能动作用因时因地也不同。在齐桓公即位刚一个多月，政局不稳，国力不支，但却在乾时之战中败鲁。长勺之战时，齐国国力显然比一年前强了许多，双方战略决策者仍然是齐桓公与鲁庄公，齐国指挥员仍然是鲍叔牙，只是鲁国指挥员多了一个曹刿，但战争结局却颠覆了物理法则。无论是从史书记载来看，还是从逻辑推理角度研析，唯一的解释便是指挥起到了反局作用。

深度拷问兵败滑铁卢的深层逻辑

回望整个古今中外战争史，人们往往会鼓吹胜利者的智慧与殊荣，而从不会记起失败者的哀伤与努力。如果说有例外，或者说仅有一个例外，那么非滑铁卢战役莫属。经过滑铁卢战役，军事天才拿破仑以失败的终结将自己的殊荣推向更高的顶峰，并在世界史册中留下最为精彩浓艳的一笔。

遗憾的是，作为胜利者的威灵顿，虽然确实击倒了令整个欧洲恐惧与震荡的不世战神，粉碎了法兰西帝国，扭转了欧洲的历史格局，改变了欧洲乃至世界的历史走向，为除法国之外的整个欧洲立下了汗马功勋，但却被自己手下败将的失败光芒淹没得无影无踪。

因此，那场战役虽然距今已时隔200多年，可对“不败之神为何而败？”的研究热度却丝毫没有降温。经过对战史资料的研读剖析与思维的沉淀，我们不禁对“败者用兵真的错了吗？兵败滑铁卢，究竟败在哪里？败者缘何虽败犹荣？”的背后逻辑再次发出深层次的拷问。

一、拿破仑的作战指挥真的错了吗?

兵败滑铁卢之前，拿破仑是举世公认的军事天才，很少有人会对其用兵指挥指指点点；兵败滑铁卢之后，似乎每个人都可以对其作战指挥的是非说三道四、评头论足。

拿破仑以攻为守错了吗? 面对英国、俄罗斯、普鲁士、奥地利、撒丁五国及被英俄奥普四国所控制的荷兰、比利时、德意志等小国组成的总兵力达 70 多万人的强大反法联盟军压线法国边境，而法军经过征俄战争与莱比锡战役，精锐力量大大折损，总兵力不足 28 万人，且多数为没有战争经验的招募新兵时，相当多的军事专家认为：在如此劣势之下，但凡有军事常识的人均应选择依托法国本土及人民战争的优势，实施战略防御，但战争狂人拿破仑却一意孤行地选择战略进攻。另外，仅对滑铁卢战役本身分析，威灵顿拥有英荷联军约 68000 人，布吕歇尔率领的普鲁士军队也超过 5 万人，而拿破仑能够指挥的法军也仅有 72000 人，在兵力如此悬殊之下，也不应该采取进攻。我想问的是亲自指挥 60 余次战役、深谙用兵之法的军事天才拿破仑难道还不懂得这些最起码的攻防之规吗？即使以 28 万人巩守本土能够抵御第七次反法联军的进攻吗？如果坐等战火引向法国本土给法国和法国人民会带来什么灾难？恐怕已不是兵败那么简单，很有可能是亡国灭顶之灾！因此，主动外置战场，抓住战机、集中力量击溃英奥联军，我想这是拿破仑经过深思熟虑之后的最佳选择，是对法兰西帝国和法国人民最深层的庇佑。

拿破仑分兵追击错了吗? 翻阅各种关于滑铁卢战役评说的文献资料，几乎无一例外地指出，拿破仑兵败滑铁卢的重要原因之一是：分兵追击！具体来说，就是在面对与自己势均力敌的威灵顿率领的英荷联军时，拿破仑千不该万不该将约 1/3 的兵力交由格鲁希去追击布吕歇尔，最终导致拿破仑仅以 2/3 的兵力去进攻兵力比自己强大、且处于地利优势的威灵顿军团，这违背了拿破仑长期以来“集中兵力、各个击破”的制胜之策。但任何事物都不是静止的，如果我们只想到拿破仑的兵力不减，不考虑威灵顿的兵力变化，恐怕也是犯了形而上学的错误。我们可以反过来想，如果拿破仑集中所有兵力去对付威灵顿，布吕歇尔会坐视不管吗？如果不派出兵力牵制布吕歇尔，任由其与威灵顿轻松会师，反法联军与法军的兵力对比就会形成 2 比 1 的绝对优势，这对拿破仑来说还有胜算的机会吗？也许有人再次质疑，拿破仑给格鲁希的兵力太多了，应该给 1/4 甚至更少，且不说这是毫无意义的“事后诸葛亮”，试问这么少的兵力能够起到追击作用吗？会不会反而正好给布吕歇尔军团创造了剿杀格鲁希的机会？因此，拿破仑兵分 1/3 牵制布吕歇尔也绝非绝对性错误。

拿破仑战场用将错了吗？ 200 年来，相当数量的军事评论家认为格鲁希毁掉了拿破仑，并一而再，再而三地做出假设：如果右翼指挥员不是格鲁希，如果右翼法军能够及时回援拿破仑，战局就会逆转，就不会有兵败滑铁卢，欧洲乃至世界的历史就会改写。于是，便从任人用人的角度指责拿破仑战场用将错误。但拿破仑为什么会任格鲁希为右翼军指挥员？因为拿破仑认为没有人比格鲁希更合适！拿破仑赋予右翼指挥员的任务是什么？就是追击布吕歇尔军团！军人以服从命令为天职！作战过程中，作战任务一经下达，在没有接到新的命令前，下级指挥员绝对不能轻易私自改变作战任务，这不仅是对上级命令的敬畏，也是对战场的尊崇。正像中国电影《集结号》所演绎的主题一样，在没有听到集结号之前，守护阵地的将士即使战斗到最后一人也不能撤退！这难道不是作战指挥员应有的职业素养吗？时间不能倒退，历史没有如果。因此，如果我们故意以后世的眼光挑选出满足胜利的条件，并将其作为指责过去的理由，这是否过于迂就？

二、兵败滑铁卢，究竟败在哪里？

历史就像一面镜子，它客观而公正地见证、裁决、刻印了林林总总的万千世界。无论人们如何挽留与感叹那个伟大的人物，无论哪个伟大的人物甚至后世之人如何不情愿看到这样的结局，但兵败滑铁卢已成为无法改变的事实。当然既然失败，必有因果！

基本规律的裁决。任何事物都有一个孕育、发芽、生长、成熟、衰老的演变过程，任何一个国家都有其建立、巩固、强大、兴盛、衰败再到新的强大、新的兴盛的循环往复过程。凡事凡物，不可能始终永远强大、长久不衰，这是事物发展的一般规律！从指挥作战来看，历史上可能有常胜将军，但不可能有长胜将军！同样，拿破仑可能是军事天才，但也绝对不可能真正胜战不止！即拿破仑指挥作战可能胜的多，但不可能永远胜，总有败的时候。因此，兵败滑铁卢可能具有偶然性，但拿破仑兵败具有必然性。即使不是在比利时的滑铁卢，史册上也会出现另一个滑铁卢。从军队与国家兴衰更替来看，任何一支军队、一个国家都不可能永远处于鼎盛时期，拿破仑帝国与拿破仑军队也不例外。其实在滑铁卢战役之前，拿破仑远征俄罗斯、战败莱比锡已经使其国力、军力衰减很多，已经显现出其失败命运的前兆。

帝国战略的狂妄。什么错误都可以犯，战略性错误不能犯。什么错误都可以挽回，战略性错误不能挽回。从根本上来说，拿破仑输就输在其穷兵黩武、对外征伐、称霸欧洲的帝国战略。从战略学的角度来看，制定战略的过程一定程度上就是追求战略目标与战略手段平衡的过程。战略目标过高，战略手段有限，必然造成战略性失败。长期以来，打遍天下无敌手的战绩积累，无限助长了拿破仑自傲狂妄、不可一世的性格，无比坚信了他靠武力征伐建立帝国的战略正确性，最终导致其罔顾法国的国力支撑，始终以法国对抗整个欧洲，时刻将自己与法国置于反法联盟的风口浪尖。可以说，即便拿破仑在滑铁卢战役中击溃第七次反法联盟，如果其国家战略依旧如此，还会有第八次、第九次……反法联盟的形成。因此，滑铁卢注定会现出在拿破仑的字典里。

作战指挥的粗疏。并非任何一场失败的战争非要归结于指挥，但指挥因素的确是造成兵败滑铁卢的重要原因之一。剖析整个战役过程，当拿破仑的主力部队与威灵顿对抗达到进攻顶点时，格鲁希指挥的右翼军未能及时增援，是造成其兵败的直接重要原因！通常人们会将责任推卸给格鲁希，但很少会有人反思：为什么格鲁希不去回援？其实答案很简单！格鲁希不知道是否拿破仑真的需要回援，没有及时得到拿破仑要求回援的命令。试想如果在作战筹划时，规定好回援的信记号，即便发射信号弹甚至采取最古老的烽火台发烟的方式，也能及时将回援命令传递给格鲁希，但实际情况是等到现实威胁已经形成时，才通过传令兵远距离飞奔相告，这不是作战指挥的粗疏吗？

三、失败者的失败为何淹没了胜利者的胜利？

谈及滑铁卢，人们的第一反应是拿破仑兵败，但却很少有人知道及追问谁是胜利者。滑铁卢显然已成为失败的同义词与拿破仑的代言人。因此，不少威灵顿的支持者及后人难免会发出：“既生仑，何生顿？”的委屈、诉控与无奈。那么，失败者的失败究竟缘何淹没了胜利者的胜利？

拿破仑是激荡时代的象征。拿破仑时代，整个法国民主思潮风现云涌，革命运动此起彼伏，法国民主革命的火焰有向整个欧洲燃烧蔓延之势。不仅法国及法国民众的情绪被拿破仑煽动到了顶点，整个欧洲棋局在拿破仑的搅动下也翻云倒海，拿破仑及其主导的民主革命思想让整个欧洲旧的政治体感到恐惧与慌乱，拿破仑及其指挥的帝国军队时刻让欧洲以及世界其他国家的人民感到不安与威胁。兵败滑铁卢不只是一场战役的结束，而是一个激荡时代回归平静的象征。因此，可以说，是时代转换的声响淹没了威灵顿的个体胜利。

拿破仑是帝国大厦的象征。拿破仑及其建立的拿破仑帝国是法国鼎盛的象征，在19世纪的欧洲影响极其广泛与深远。可以说，那个时代的欧洲至少陆地欧洲是法国的欧洲，法兰西帝国主导着整个欧洲棋盘。如果拿破仑没有兵败滑铁卢，法兰西帝国能够继续存在，就有可能与英国海上竞雄，进而一统欧洲。因此，从这个意义上说，滑铁卢战役不仅终结了拿破仑的政治生涯，也终结了法兰西的帝国命运，滑铁卢战役改变了欧洲历史甚至世界历史演进的轨迹。因此，可以说，是帝国大厦崩坍的声响淹没了威灵顿的个体胜利。

拿破仑是战无不胜的象征。拿破仑一生指挥60余场大小战役，是一位举世公认的军事天才，是一位极具人格魅力的统帅将领。滑铁卢战役之前，凭借其军事天赋与指挥艺术，拿破仑以近乎全胜的战绩横扫整个欧洲。在当时的法国及其他欧洲国家将领及人民的眼里，拿破仑是战神的象征，是不可战胜的象征。因此，在人们已经习惯于拿破仑胜利的思维定式中，再多一场胜仗，人们不会关注，甚至会被人们遗忘，但一场败仗便犹如“鸡立鹤群”一样异常突显。因此，可以说，是战无不胜思维定式的破碎声淹没了威灵顿的个体胜利。

拿破仑是强大生命的象征。梳理拿破仑的一生，拿破仑是从军队的一名基层军官一步一步走向帝皇之路的。拿破仑虽身材很小，但性格坚毅，果断自信，野心十足。他从不畏惧困难，更不轻易屈服对手，依靠自身努力击败了一个又一个强劲的对手，打破了一次又一次反法联盟的进攻围剿。用他自己的话说：“在我的字典中，没有不可能这样的字眼。”因此，也许人们被拿破仑强大的生命力所屈服，也许是出于人们本身对强大生命力的自觉崇尚，不仅法国人民已经高度拥护支持拿破仑，欧洲其他国家人民在惧怕拿破仑给他们带来战争灾难的同时，其内心深处可能也已经被拿破仑强大的生命力所占据。因此，可以说，是强大生命的不息声淹没了威灵顿的个体胜利。

从指挥视角探一江山岛战役制胜之道

在我军军史中，一江山岛战役，虽然不像土地革命战争、抗日战争、解放战争、抗美援朝、对印边境自卫反击战、对越边境自卫反击战一样划分了历史段落；但在我军战史中，它却无疑占据了作战形式的最高辈分——联合作战。当然，这也是迄今为止我军唯一的一次三军联合作战实践。60 多年前，我们的革命前辈不仅指挥和打了一场联合作战，而且还取得了决定性的胜利。研究作战、研究作战指挥，一江山岛战役无疑是最丰厚的实践沃土，对当今我军联合作战理论与战斗准备最具现实参考与指导价值。

一、胜利的根本在于战略决策者高瞻远瞩的战略判断

战争是政治的继续，是国家博弈最激烈的表现形式。因此，审视任何一场战争，都应站在国际视野与国家战略的高度去考量。一江山岛战役之所以在那个看似不该出手的时机果断出手，并且出则能胜，根本原因在于我战略决策者高瞻远瞩的战略判断。

基于国际力量格局的准确研判——可以打。60 多年前毛泽东等中央军委战略决策者也十分清楚地认识到：解决浙东沿海岛屿问题也不只是大陆与台湾的问题，本质上也是中美关系问题。当时之所

以敢于做出这么大胆的决策，关键是昔日苏美矛盾是国际力量格局的主要矛盾。毛泽东等老一辈战略决策者，就是准确抓住了美苏争霸这一总体国际战略棋局不会翻盘的总基调，才敢于投下打一江山岛战役这一棋子。

基于国家安全战略的现实需要——必须打。熟悉那段历史的人都十分清楚，一江山岛战役虽然是我军周密筹划、精细准备才取得的胜利，但一江山岛战役绝不是我主动挑衅，而是在战略防御总体背景下不得不打的战略攻势行动。其实，朝鲜战争结束后，我国经济急需恢复，人民更是渴望和平与安居乐业。但在朝鲜战争中失利的美国不甘忍受战败的“屈辱”，在“美与控蒋、蒋欲拖美”的相互作用之下，与蒋介石签订所谓的“美台共同防御条约”，将协防范围扩大到我东南沿海岛屿一线，使美军的触角直接延伸到我近海岸，对新中国的安全和主权构成极大现实威胁。为彻底击碎蒋介石以浙东沿岸岛屿为“跳板”反攻大陆的图谋，沉重打击美干预我国内政的嚣张气焰，稳定台海局势，为新中国建设营造一个长期相对和平稳定的环境，一江山岛战役非打不可。不打，台湾与大陆之间就会越走越远；不打，美伸向我内政之手就会越来越深；不打，美将有可能完全控制台湾；不打，我国周边环境就不会平静。

基于我军作战能力的客观评估——能打赢。从一定意义上说，战略决策就是在战略目标与战略手段之间谋求平衡的过程。打赢也没有绝对的标准，关键是看能否达到预定战略目标。战略能力的绝对提升并不代表有更大的胜算。当时中央军委之所以定下解决浙东沿海岛屿的战略决策，而没有着眼金门、台湾，除政治外交考量外，很大程度上是基于我军现实作战能力。战役发起前，我军武器装备刚刚更新换代，新中国有了自己的海军、空军，具备了近海作战能力，能够取得近海制空权、制海权，而一江山岛、披山岛、大陈岛等浙东沿海岛屿距我岸较近，在发挥我依托陆岸和人民支援优势的前提下，能够速战速决，在美军来不及介入的情况下，以较小代价快速达成战略目的。

二、胜利的关键在于战役指挥员科学准确的指挥决策

一江山岛战役虽然其规模有限，但其作战特点、作战筹划的内容、战役决策的重点与诺曼底登陆等大型渡海登陆作战基本一致，战役过程中战役指挥员的思维方式、决策过程、指挥艺术尤其是对重大问题的决策，仍不失为后世之人学习研究的典范。

战役突破口的确定。如果说战役指挥员必须具有战略眼光，那么战役突破口则是战略眼光的聚焦点，战役突破口选择的是否科学合理则是是否具有战略眼光的试金石。关于解放大陈岛战役突破口的选择，当时多数人主张选择大陈岛，少数人选择披山岛，只有极少数人支持选择一江山岛。张爱萍将军在详细了解情况的基础上，经过深思熟虑、反复权衡，坚决支持少数人的意见，选择一江山岛作为战役的突破口（主要理由：一江山岛战略地位重要，位于我前进基地与大陈的中间，也是大陈的门户，同时在我火力控制之下，取胜把握较大，取之进可攻、退可守，还可起到使大陈守敌不战自弃，向台湾龟缩之效果）。历史实践表明，在建议如云、日臻完善的联合作战指挥机构中，张爱萍将军能够不畏浮云遮望眼，坚持主见、直取要害，足以彰显出其独特超众的指挥素养与战略慧眼。

登陆地段的确定。登陆是登陆战役最重要的关节，能否顺利登陆事关整个战役的成败。因此，登陆地段的选择无疑是登陆作战指挥决策的关键。从理论上说，地势相对平缓的滩头阵地无疑是登陆地段的最佳选择，但万事万物都是相辅相成的，没有绝对的好，也

没有绝对的坏；登陆方认为是最好的登陆地段势必也是敌兵力、火力防守的重点。攻无不克，攻其所不守也；守无不固，守其所不攻也。浙东前线指挥部能够一反登陆作战用兵之常，选择怪石嶙峋、不易靠岸攀登、多浪多旋涡、敌人极易忽视的西北角的突出部——黄岩礁、海六礁为登陆地段，出敌不意、直接迅速地登上岛岸各主要阵地，割裂了敌防御体系，夺取了190制高点，为整个登陆作战的胜利打开了总阀门。自古以来，胜战不复。我们研究一江山岛战役，绝非刻意效仿其一招一式，但其战役指挥员在作战筹划时攻其不备、出其不意的思维方式始终是谋战胜战之魂。

登陆时机的确定。受制于海域自然条件是登陆作战较之其他作战样式的最大不同之处，也是造成登陆作战困难与复杂的重要原因之一。因此，能否在综合考虑潮汐、海风、气候及其他因素的基础上，准确确定登陆时机则是影响登陆作战的另一重要因素。从某种程度上说，1955年一江山岛战役成就成在登陆时机的正确选择上。在登陆时间段上，浙东前指选择了出敌不意的时间段——天寒地冻的1月；在登陆时间点上，选择了难得的风平浪静日——18日、19日、20日；在具体时间上，为确保三军更好地协同，选择了白昼登陆。可以说，正是由于浙东前指准确地选择了登陆时机，才得以确保航渡编队如西湖竞渡之势在预定时间抵达预定登陆点，才得以确保以迅雷不及掩耳之势取得登陆作战的快速突然性，才得以确保战局在美军第七舰队做出反应之前已尘埃落定。

三、胜利的基础在于各级指挥员积极主动的协调配合

联合作战的关键在于使诸军兵种作战力量按照统一的作战意图协调一致地遂行作战行动。在当时通信条件极其落后的情况下，浙

东前指何以能够使陆海空诸军兵种，以及地方部队作战力量如此较好地形成整体合力？恐怕唯一的解释便是各级指挥员积极主动的协调配合。

运转顺畅的指挥体系。指挥体系决定指挥信息的流转链路，也直接影响指挥效能的发挥。时至今日，无论是军事学术界还是军队指挥领导机关均一致认为，优化完善联合作战指挥体系是提高联合作战指挥能力的关键。为较好地指挥一江山岛战役，中央军委成立了浙东前线指挥部，统一组织指挥解放浙东沿海岛屿。其中华东军区参谋长张爱萍为浙东前指司令员兼政治委员，军区空军司令员聂风智、军区海军副司令员彭德清和参谋长马冠三、浙江省军区代司令员林维先任副司令员，下设登陆指挥所、空军指挥所、海军指挥所、政治工作指挥所、后勤联合指挥所。浙东前指对上直接受军委指挥，对下依托各军种指挥机构指挥，既做到了高度集中的统一指挥，又做到了分工明确、责任清晰，整个指挥体系协调一致、运行顺畅，较好地整合与发挥了三军的整体威力。

精确周密的作战协同。作战协同是整合作战力量、协调作战行动、调配作战资源的主要途径，是形成整体作战威力的桥梁纽带。战役准备阶段，为确保诸军兵种作战力量切实能够形成合力，参战部队按照“先军种分练、再三军合练”的步骤扎实有效地组织了多次专项协同演练，较好地解决了协同内容、协同时机、协同手段、协同保障等各项重难点问题；为全面暴露与发现作战过程中协同出现的问题，各军种选择了相似地形进行实战演习；针对难以解决的协同问题，各级指挥员充分发扬军事民主，用一些老方法、旧器材创造性地解决了许多新问题、大问题；作战过程中，各军兵种、各级指挥员以我为主，积极配合，出现了不同军种指挥员坐在同一舰艇上面对面协同，登陆指挥所内空军联络员不待登陆指挥员提出需求主动召唤航空火力支援的局面。相比之下，我们确实应该反思：为什么现在的通信器材这么好，反而又组织不好作战协同？究竟是通信设备的问题，还是作战组织的问题？

积极灵活的作战处置。任何一项作战计划都不可能穷尽战场中的所有情况，作战指挥员尤其是战术指挥员的作用就是在不违背上级作战意图的前提下，积极灵活的处置战场情况。虽然浙东前指及各军种指挥机构战前均进行了周密的作战筹划与作战准备，但战役过程中，也确实出现了许多突发情况。幸运的是，我军大部一线指挥员灵敏机智、处置得当，共同奏响了战役胜利的凯歌。比如，一梯队登陆营七连按计划应向左侧扩大突破口，但受悬崖地形限制，部队无法通行，副团长果断指挥其随五连跟进，到瞭望村后向东穿插，配合主攻连队向主峰攻击。再如，在一七八团登陆部队航渡与登陆时，温州水警区炮艇中队并没有撤离战斗，而是积极主动地以火力牵制敌人，保障了登陆部队的翼侧安全。诸如此类情况，在战役过程中还有很多。客观地讲，倘若没有一线指挥员积极灵活的正确处置，我们今天看到的一江山岛战役可能就没有如此精彩绝伦了。

指挥哲理篇

作战指挥是决定战争胜负的关键性因素，研究作战指挥是研究战争的头等大事，研析指挥哲理是研究战争的奠基工程。从作战指挥的概念层、问题层、矛盾运动层，深层拷问与回答“作战指挥与作战控制一样吗”“‘任务式指挥方式’到底是什么”“如何避免陷入 OODA 死循环”“如何破解指挥员五个不会问题”“战略指挥过程的本质是什么”“战略指挥能力的内生基因是什么”等当今备受关注与聚焦的底层概念或热点问题，意义重大，引人深思。

作战指挥与作战控制一样吗

作战理论上的清醒是确保作战筹划和作战行动正确与高效的首要前提。研究作战尤其是作战指挥问题，必须首先全面彻底厘清作战指挥与作战控制的关系。长期以来，我们一直习以为常地将“指挥控制”视为“标准”军语，从未质疑将“指挥”与“控制”常态化“合体使用”的准确性与合理性，似乎“指挥”与“控制”就是天生的同胞母体。但经过深入研究和剖析，我们认为，作战指挥并不等同于作战控制，作战控制也不能代替作战指挥，更不能简单地以“指挥控制”模糊其中之一，两者在内涵、目标、依据、属性等多个方面具有明显的区别。

一、作战指挥的边界与内涵大于作战控制

概念是从感性认识上升到理性认识，能够反映事物本质属性的抽象表达，具有内涵与外延之分。基于权威性文献给出的概念或定义，深度分析和准确界定作战指挥与作战控制的外延与内涵，是正确认识作战指挥与作战控制的首要切入点。

根据 2011 年《军语》，作战指挥是指挥员及其指挥机关对所属部队作战进行的指挥，指挥控制是指挥员及其指挥机关对部队作战

或其他行动进行掌握和制约的活动。没有单独列出作战控制这一词条。近年来，通过研究攻关，我军基本形成统一共识：作战指挥是军队各级指挥机构对作战行动进行的指挥，包括作战筹划、作战指挥控制。作战指挥控制是指挥机构对作战行动进行组织、协调、掌握和制约的活动，包括战局掌控、作战控制、指挥运行管控等。作战控制是指挥机构对编成内部队及其他参战力量的作战行动进行掌握和制约的活动，包括部队行动控制、战场管制。总体来看，近期我军形成的认识与2011年《军语》给出的规范性解释具有内在统一性，但对作战控制的阐释更加明确和科学合理。

通过反复比对和深度剖析这组概念，不难发现：从方式上看，作战控制的方式是掌握和制约，作战指挥的方式除此之外，还包括谋划、组织、协调。从内容上看，作战控制主要包括对部队行动控制和战场管制，而作战指挥除包括对部队行动控制和战场管制外，还包括战局掌控、指挥运行管控和作战筹划，具体来说，涵盖部队编组权、筹划决策权、作战控制权、资源调配权、联合训练组织权、政治工作组织权、支援协调权等。此外，2011年8月，美军发布的《联合作战纲要》中也认为，指挥权包括作战指挥、作战控制、战术控制和支援，作战控制是作战指挥的固有内容。从指挥活动链路上看，作战指挥纵贯作战准备和作战实施的全程，而作战控制仅仅是作战实施阶段的一项工作，作战指挥先于作战控制展开，后于作战控制结束。作战指挥的方式手段要多于作战控制的方式手段，作战指挥的职权范围要大于作战控制的职权范围，作战指挥的时间跨度要长于作战控制的时间跨度。

因此，从一般意义上说，作战指挥的内涵与外延要远远大于作战控制。将作战指挥与作战控制替代使用或不假思索地到处泛用“指挥控制”，只能折射出使用者理论认识上的“混沌”或对作战理论研究的“渎职”。

二、作战指挥的目标是出敌不意，作战控制的目标是精准无误

目标是思维活动或行为活动所期望达到的理想状态或终点，对于行为主体的实施方式、采用手段和行动路经具有导向、牵引和规范作用。作为指挥思维活动和指挥行为活动的综合体，作战指挥更加追求创造性；作为一种单纯的要素行为活动，作战控制更加追求精准性。

按照毛泽东认识作战情况两个过程的思想，作战指挥既是一种高级思维活动，也是一种指挥行为活动。作战指挥主要体现在基于分析判断情报得出的综合结论，定下作战决心、制定作战计划及当战场情况与既定决心发生重大偏差时做出临机决策甚至修改决心，更多地表现为短时间内敌我双方智慧与谋略的博弈，具有典型的思维对抗性、创造性和主观性，没有固定“范式”可以遵循，更不能生搬硬套，需要根据战场情况因势利导、审时度势、灵活决策。其最高境界或所期望达到的最佳状态是在敌人意想不到的地点和时间，集中力量于敌人意想不到的方向，采取意想不到的方式，发动意想不到的作战行动，巧妙达成作战效果。

而作战控制作为一种具体的行为活动，更多地表现为一种基于作战计划对部队作战行动进行偏差纠正的执行性工作，主要目的是实现作战决心和作战计划规定的预想态势，具有典型的程序规范性，对创造性要求较低，对执行性要求较高，可以通过精细化、流程化、标准化，形成可以遵循甚至严格执行的“套路”和“范式”。其最高境界或所期望达到的最佳状态是部队行动的实际态势与作战计划

的设计态势，在力量、时间、空间、目标达成程度上完全吻合。

换言之，作战指挥应对的主要是作战中的不确定性，作战指挥的最高标准是“出敌不意，攻其不备”；作战控制应对的主要是作战中的确定性，作战控制的最高标准是“符合计划，精准无误”。

三、作战指挥的依据是作战任务，作战控制的依据是作战计划

依据是思维和行为的逻辑起点。在情报、决策、计划、控制整个指挥链路中，由于作战指挥与作战控制所处的层次与环节不同，支撑和推动两者发展的基点也必然不同。作战指挥的基点或依据是作战任务，而作战控制的依据是作战计划。

关于作战指挥的过程，当前学术界尚有不同观点：第一种观点认为，主要由定下作战决心和实现作战决心两个阶段构成；第二种观点认为，主要由定下作战决心、组织计划作战行动和协调控制作战行动三个阶段构成；第三种观点认为，主要由情报活动、决策活动、计划活动和控制活动四个阶段构成；第四种观点认为，主要由规划周期、执行周期和评估周期三个阶段构成。但无论采取哪种分类方式，在作战指挥规律的支配下，作战指挥活动必须遵循矛盾运动的一般逻辑法则，分阶段逐次展开和有序运行。一般来说，除最高层的战略指挥员，需要依据国家安全战略形势自主展开作战筹划（属于作战指挥活动一部分），其他层次的作战指挥活动，均始于上级赋予作战任务。作战指挥工作的逻辑起点是围绕上级作战企图，完成本级作战任务。

认真分析上述不同学术观点，总体来说，其实作战指挥活动主要就是按照情报、决策、计划和控制等顺序进行；具体来说，在作

战指挥活动的整个周期中，需要根据敌情和上级下达的作战任务进行作战决策，依据作战决策制定作战计划，围绕实现作战计划进行作战控制，这是作战指挥活动的基本逻辑，不能颠倒或跳跃式进行。作战控制始终处于作战计划之后，作战控制就是依据作战计划对作战力量的作战行动实施的调控，是对作战决心和作战计划的具体实践；作战计划是作战控制的基本依据，没有作战计划，作战控制就会无的放矢。

因此，作战指挥的起点和依据是受领作战任务，作战控制的起点和依据是作战计划。当然，不可否认，若追根溯源，作战控制的起点也是作战任务，但作战任务已经被嵌入和细化为具体的作战计划，作战控制主要还是以作战计划为直接对照标准。

四、作战指挥的本质是作战设计，作战控制的本质是执行计划

本质是事物内在的固有的属性，是某一事物区别其他事物的最根本标志，也是认识事物的最高层次。作战指挥的本质是依据战场情况和作战企图，进行作战设计；作战控制的本质是运用控制手段调控部队行动，执行作战计划，实现作战设计。

作战指挥包括作战筹划与指挥控制（战局掌控、作战控制、指挥运行管控）。毋庸置疑，无论是从作战指导、作战设计、作战计划三个阶段角度讲，还是从判断情况、理解任务、形成构想、拟制方案、制定计划五个步骤角度讲，作战筹划工作从本质上来看是对作战目标、力量使用、作战空间、作战阶段、作战行动等战场情况的谋划、构想和设计，是指挥机构内部以指挥员运筹谋划为重点的指挥思维活动。指挥控制作为作战指挥中的指挥行为活动，主要包括战局掌控、

作战控制与指挥运行管控。这其中当然包括作战控制的属性，但作战实施中调整决心、临机决策、修订计划又同时具有作战筹划属性，需要指挥员依据新的战场情况重新进行作战规划和设计。即从宏观上说，作战指挥包括作战控制；从微观上说，作战指挥重在进行作战设计。

按照最新研究成果，作战控制主要包括部队行动控制和战场管制。其中部队行动控制，主要是指以作战控制要素为主体，依据作战行动计划和指挥关系、权限，采用基于目标、时间、空间等控制措施，按照“监控态势—督导行动—分析偏差—决断处置”的步骤，对部队各种作战行动实施的控制。战场管制是为保障作战顺利实施和维护战场秩序，按照作战筹划阶段制定和下发的战场管理指示对战场内有关要素进行强制性的管理和控制；包括陆战场管制、海战场管制、空战场管制、电磁频谱管控和时空基准管控。即作战控制不是设计作战，而是依据作战筹划事先设计的战场态势和进程执行作战计划。

简而言之，作战指挥的创造性劳动“生产”了作战计划，作战指挥先于作战计划，而不是先有作战计划后有作战指挥；作战计划是作战控制的依据，作战控制是对作战计划的执行和对作战设计的实现。通常来说，当作战进程与作战计划没有大的偏差时，调控部队行动的“指挥棒”不是作战指挥而是作战控制；只有当作战计划没有预想或囊括的重大情况出现时，作战指挥才真正发挥其独特的作战设计功效。

“任务式指挥方式”到底是什么

近年来，无论是在军事学术理论界，还是在部队实战实训中，“任务式指挥方式”概念犹如一颗璀璨的明星，频频活跃在作战指挥理论研究与作战指挥活动的实践中。相当数量的军事理论专家和部队指挥员，也将“任务式指挥方式”奉为我军联合作战指挥理论的一项重大理论创新。那么，到底什么是“任务式指挥方式”？如何创造性地理解和执行“任务式指挥方式”？显然，彻底弄清“任务式指挥方式”的逻辑内涵、来龙去脉等基本问题，对于我们更加深入地理解、认识和运用“任务式指挥方式”具有奠基性作用。

一、任务式指挥的逻辑内涵

概念是研究问题的逻辑起点，也最能体现研究问题的本质。既然将“任务式指挥”作为一种指挥方式提出，显然要想深度理解“任务式指挥”的内涵，必须还要回归到作战指挥方式的内涵、四种基本指挥方式的相互关系等本源性问题。

指挥方式的本质内涵。从本质上来说，指挥方式是指挥者与指挥对象之间发生关系、进行指挥职权分配的方法和形式。那么，为什么要对指挥职权进行分配呢？因为指挥者是通过指挥职权这种无形的力量完成对被指挥者的控制与驱动，指挥职权不清晰，指挥者就不清楚作用于哪些被指挥者、如何作用于被指挥者，指挥就会陷入混乱，作战行动也便陷入混乱。因此，明确指挥方式的根本目的在于通过科学合理地分配指挥职权，高效完成对所属作战力量的指挥控制，进而顺利完成作战任务。换句话讲，指挥方式必须服从和服务于高效完成作战任务，能否完成作战任务是检验指挥方式优劣的唯一标准。

基本指挥方式的相互关系。基于指挥职权的分配方法和形式，可以划分为集中指挥、分散指挥、逐级指挥和越级指挥四种基本指挥方式。集中指挥与分散指挥之间、逐级指挥与越级指挥之间是相互对立、相互作用、相互依赖的矛盾体。没有集中指挥，也无所谓分散指挥；没有逐级指挥，也无所谓越级指挥；反之亦然。为什么这么讲呢？比如，只要编设下级指挥机构，就肯定要依托下级指挥机构或多或少地行使部分指挥权，否则下级指挥机构就没有存在的必要性；下级指挥机构不存在，区分集中指挥与分散指挥便没有任何意义了。因此，四种基本指挥方式只是为方便研究和区分认知，从理论上进行的“非黑即白”的理想切割，或者基于最小的时空单位和作战行动，对遂行某项任务所使用指挥方式的一种“微分”。实际作战指挥过程中，为顺利完成作战任务，四种基本指挥方式相伴而生，交替、交织存在。

任务式指挥方式的逻辑内涵。如上所述，既然四种基本指挥方式是从不同维度对指挥方式的“边界”界定，而且作为完成作战任务的一种方式，各个指挥方式之间没有绝对的好与坏、优与劣。那么，在真正作战指挥过程中，一方面，为顺利完成某项作战任务，既不可能只使用集中指挥，也不可能只使用分散指挥、逐级指挥或越级指挥，必然是多种指挥方式的灵活综合运用；另一方面，究竟使用何种指挥方式，如何打出指挥方式运用的“组合拳”，主要取决于如何才能更好地完成作战任务。据此，“任务式指挥”是指主要明确作战意图、作战指导和作战任务，不规定完成任务具体行动方法的指挥理念和指挥方式，是集中指挥与分散指挥、逐级指挥与越级指挥的综合运用。

二、任务式指挥的来龙去脉

“任务式指挥”到底是作战指挥领域的“新生物”？或仅仅是我军作战指挥理论的“概念翻新”？“任务式指挥”究竟从何而来？演进过程是事物成长的缩影。理清“任务式指挥”概念的形成和发展脉络，无疑能够帮助我们更好地理解“任务式指挥”。

任务式指挥理念其实早已有之。早在春秋时期，《孙子兵法·变篇》里指出：“城有所不攻，地有所不争，君命有所不受。”后来，明朝罗贯中《三国演义》第103回里写道：“岂不闻：‘将在外，君命有所不受’。”从某种程度上说，这里所讲的“君命有所不受”指的就是将领远征在外，可以根据战场情况和作战任务相机作战，不必事先请战或等待君主的命令再战。翻阅中外战争史文献资料，关于作战指挥的类似话语描述举不胜举。可见，虽然没有将“任务式指挥”作为完整的概念单独提出，但其作战指挥理念其实早已广泛渗透和运用于作战指挥的实践活动中。

任务式指挥概念并非我军首创。首次将“任务式指挥”正式规范，作为一种指挥理念加以推崇的是普鲁士总参谋长老毛奇。2011年8月，美军发布的《联合作战纲要》中，将“任务式指挥”作为一组完整的概念首次提出，并对其内涵进行详细阐述：“就是根据任务式命令分散实施军事行动的过程。成功地实施任务式指挥，要求下属各级领导者要在指挥官意图范围内发挥主动性，积极和独立地采取行动，以完成任务。”认真对比我军与美军关于“任务式指挥”的概念，不难发现两者具有很大的一致性。因此，无论是借鉴美军也好，还是无独有偶也罢，我们都不得不承认“任务式指挥”这一概念并非我军首创。

任务式指挥方式适应联合而生。近年来，“任务式指挥”备受推崇和关注，一方面源于对其概念的陌生，但最根本的是因为联合作战呼唤“任务式指挥”，“任务式指挥”应运联合作战而生。一方面，联合作战是现代战争的基本作战形式，而联合作战又明显呈现“战场空间多维一体、作战力量多域分布、作战时间大幅缩水”，导致联合作战指挥的指挥跨度增大、指挥层级增多、指挥节奏加快、指挥关系复杂，不可能完全实施集中指挥，也不可能广泛实施越级指挥；另一方面，对于小规模军事冲突，战略决策、战役指挥、战术行动的特点尤为突出，即集中指挥、越级指挥的现象又客观存在。因此，为实现多域作战力量整体联动，顺利完成联合作战任务之目的，很难也没有必要人为地以各种不同的指挥方式“冠名”。因此，作为一种“融合式”概念，“任务式指挥”便体现出其适应联合作战客观实际的强大生命力。

三、创造性把握任务式指挥方式

无论再好的指挥方式，如果仅仅作为一种静态的概念描述，其本身并不会产生丝毫的指挥效能。换言之，只有指挥者结合战场实际，对其创造性地运用并作用于被指挥者，“任务式指挥方式”的价值才会充分释放。

追塑作战企图，创造性理解任务。任务是“任务式指挥”的基点，显然能否准确理解上级赋予的任务对“任务式指挥”成效具有一票否决权。一方面，并非所有的作战任务具有明确的量化标准，任务本身可能也有“迷雾”。另一方面，有时上级赋予的任务也并非达成其作战企图的最佳途径。淮海战役发起之前，毛泽东原计划让粟裕率领华野外线部分纵队渡长江、挺进江南，搅乱蒋介石后方，以达成迫使蒋介石改变战略部署，吸引敌20至30个旅回防江南，缓解中原压力之战略企图。后来，粟裕在深入理解中央战略企图的基础上，经过反复考虑向中央提议“暂不南下，歼敌于长江以北”，这才促成了决定中国命运的淮海战役。因此，“任务式指挥”要求下级指挥员不仅仅只是机械执行上级指挥员下达的任务，将作战决心的可能性变为现实性，更要全面理解上级指挥员决心和赋予任务的逻辑起点——作战企图，基于战场态势的客观实际，深度理解和准确把握己方担负的任务与上级指挥员战略企图的关系，己方任务与友邻任务的关系，找出遂行任务的不足与漏洞，在执行过程中创造性地进行弥补，或向上级指挥员提出修正和完善建议。

对表战场实际，细化任务标准。从普遍意义上说，任何指挥方式肯定均是为了完成作战任务，所以如果仅仅对“任务式指挥”的认识停留在依据上级赋予的任务实施指挥，那么这种指挥方式未免有些宽泛、笼统甚至空洞。既然要实施“任务式指挥”，必须要真正走向实践操作层面，切实依据任务清单实施指挥。但通常来说，上级在赋予任务时不会具体化，这就需要下级指挥员对表战场实际，依据达成的战场态势、夺控的作战地域、毁伤的作战目标、歼灭的有生力量等不同指标，基于作战时间、作战单位形成的二维坐标，将上级赋予的任务细化分割，使作战任务更加具体、翔实和可操作。“任务式指挥”的外表看似“大而空”，但其内涵则“细而实”。较其他作战指挥方式，对任务详细规划要求更高。当然，细化任务标准也是实施“任务式指挥”的关键和重点所在。

基于完成任务，活用指挥方式。完成任务既是作战指挥的目的，也是筹划作战指挥活动的依据，还是检验作战指挥方式是否有效的标准。一旦任务以作战命令形式明确，指挥员应该思考的只有如何指挥才能更好地完成任务。与其说“任务式指挥”是指挥方式的重大创新，不如说“任务式指挥”是指挥理念的重大进步。因为严格意义上说，“任务式指挥”不属于基本指挥方式，而是对指挥方式认识的思维开放，是对基本指挥方式的综合运用。换句话讲，如果沿循作战进程的轴线，对作战任务与被指挥者进行最小“微分”，其实指挥者与被指挥者之间的作用关系可以看作是由诸多基本指挥方式交织形成的“指挥方式方阵”。但在某一作战指挥过程中，对于特定时空条件下的特定作战行动，究竟使用何种指挥方式，不是指挥员的主观选择，而是基于具体的作战样式、作战任务、通信手段、下级指挥员的素质等诸多客观实际的条件所限。简而言之，影响完成任务的各种客观条件决定指挥方式的选择。

指挥员的四种“指挥窘境”

战争外在呈现为实体力量的有形对抗，内在呈现为指挥员谋略的无形博弈，并且无形博弈主导有形对抗。换句话讲，战争好比指挥员主导的一幕生死对决的鲜活“话剧”，指挥员的能力素质和指挥水平直接影响战争进程甚至最终战局。因此，翻阅中外战争史，至今好像还没有一位军事大家敢于质疑作战指挥的重要性；同样，我们可以大胆地预测未来也不会有一位军事大家敢于否认作战指挥的重要性。但即便如此，我们也要清醒地认识到，战争是敌对双方作战能力的综合较量，不是指挥员之间的个体格斗，指挥艺术的高超和占上风并不等同于能够赢得战争。研究作战指挥，不仅要深谙提升指挥效能的制胜之道，更要挖出影响指挥效能的“黑洞”，避免陷入困死指挥员的“窘境”。

一、上级干扰、战不由己

所谓“上级干扰、战不由己”，是指上级指挥员在不了解战场实际的情况下，凭“指挥权威”主观臆断，将自己不切实际的“作战意图”强加于下级指挥员，使下级指挥员不能根据战场实际自主判断、自主决策、自主指挥控制。

自古以来，很多军事理论家和著名统帅对于这一问题就有非常深刻的认识，“将在外，君命有所不受”就是最为经典的论述。早在春秋时期，兵学鼻祖孙武在《孙子兵法·变篇》里明确指出：“城有所不攻，地有所不争，君命有所不受。”宋朝司马光在《资治通鉴》里记载：“五十七年（癸卯，前258）将在外，君令有所不受。”明朝罗贯中在《三国演义》第103回里写道：“将在外，君命有所不受。安有千里而请战乎？”蒙哥马利也曾说：“优秀的高级指挥官一经选定，一定要加以信赖，并给以最大限度的支持。”

也许是先有失败的教训，后有清醒的认知，古今中外由于上级干扰下级指挥员不能自主决策而导致战败的事例比比皆是。斯大林格勒战役中，在苏联西南方面军和斯大林格勒方面军对德军第六集团军完成合围之前，本来保卢斯有很大突围求生的希望，但由于希特勒的坚决让保卢斯死守斯大林格勒，最终不仅导致德军最精锐的坦克第六集团军全军覆灭，而且开启了反法西斯战争的转折。再看我党领导的解放战争，无论是辽沈战役，还是淮海战役，蒋介石数次不顾其兵团司令战场决策，将个人意志从南京“飞书”强压杜聿明、卫立煌，直接造成国民党一线作战兵团作战指挥的混乱和低效。反之，凡是取得胜利的重大战役，无不充分尊重下级指挥员的自主决策权。比如，在战争实践中，毛泽东曾多次通过不同方式向下级指挥员明确表示可以“机断专行，不要事事请示”，充分调动了战役战术指挥员的主观能动性，取得了一个又一个的胜利。英阿马岛战争中，英国首相撒切尔夫人赋予伍德沃德“除了进攻阿根廷本土以外的一切权力，明确任务目标就是夺回马岛”，至于具体战役部署，她不加任何干涉。最终，英国海军舰队在伍德沃德的指挥下，胜利夺回马岛。

从哲学的角度讲，作战指挥的过程，就是指挥员的主观指导与战争的客观实际互动的过程。“指挥员的正确的部署来源于正确的决心，正确的决心来源于正确的判断，正确的判断来源于周到的和必要的侦察。”换句话讲，不了解战场情况，就不可能定下正确的决心，就是乱指挥。因此，上级干扰甚至替代下级指挥员决策，从某种程度上说就是违背主观指导符合客观实际这一作战指挥的根本规律，就好比给一线指挥员的积极性、主动性、创造性套上一个最紧的枷锁，就好比直接剥夺了下级指挥员的作战指挥权。毋庸更多阐述，毫无疑问错误的指挥必然导致失败的行动。但更关键的问题是战场指挥员明明能够做出正确的决策，却又不得不执行错误的决策，这不得不说是指挥员指挥过程中最大的“委屈”。

二、通信瘫痪，令不达兵

所谓“通信瘫痪，令不达兵”，是指虽然主要指挥员仍然能够正常决策，但由于通信中断，无法将正确的决策和命令及时传达给下级指挥员和所属部队，最终导致指挥员本来正确的决心“憋死”在指挥所内。

《六韬·虎韬》就有记载：“人执旌旗，内外相望，以号相命，勿令乏音，而皆外向。”可见，早在商周时期，我国古代兵家就已经认识到指挥手段于作战指挥的重要作用。《孙子兵法·势篇》里说：“凡制众如制寡，分数是也；斗众如斗寡，形名是也。”以现在的眼光来看，这里所说的“分数”从某种程度上说就是一种通信编辑方式。土地革命战争时期，纵横湘鄂豫的贺龙，在吃够了联络不畅的苦头后曾说：“我宁愿丢掉一个团，也不愿失掉一部电台。”毛泽东也曾对无线电台人员说：“离开了你们，我们在窑洞里就没事做了。”一位是撒豆能成兵的开国元帅，一位是少有的中外军事大家，均对电台、通信有如此高的评价，足以彰显出通信对于作战指挥的重要性。

由于通信联络不畅、指挥手段掣肘导致作战行动的失败，以及通过切断敌指挥部与部队之间的通信中枢，从而快速掌握战争主动权的正反战例可以信手拈来。在辽沈战役的辽西会战中，由于我军三纵打乱了国民党辽西兵团的“脑袋”——廖耀湘的指挥部，致使整个辽西兵团完全处于分崩离析和混乱的状态，我军 40 万大军对 10 万敌军进行了砍瓜切菜般地围歼战。后来，廖耀湘无奈地说道：“你们第一棒就打碎了我兵团的脑袋，使部队失去指挥，群龙无首，焉能不败！”对于通信中断造成指挥失灵，我党同样也有血的教训。1937 年元旦，红五军一举占领高台，数万马家军追踪而至，由于红 5 军只有一部电台，并置于临泽的军政委黄超处，致使无法与总指挥部取得联系，董振堂军长指挥部队虽誓死坚守，但终因联络不畅无法与西路军协同作战，导致董振堂军长和 3000 将士血染高台。不用再举更多的战例了，以上足以说明通信瘫痪实属制约指挥员作战指挥能力发挥的最大障碍。

关于通信瘫痪如何造成指挥窘境无须高深的理论进行详细阐述，仅从作战指挥的构成要素上进行剖析便可纵观一切。作战指挥的要素主要包括指挥者、被指挥者、指挥手段和指挥环境。作战指挥的过程就是指挥信息在特定的指挥环境中通过指挥手段由指挥者传递到被指挥者的过程。通信瘫痪即指挥手段中断，指挥信息就无法在指挥者与被指挥者之间顺畅流动，当然也就无法将指挥效能转化为行动效能，就无法将指挥优势转化为行动优势。尤其是在现代战争中，信息已然成为战斗力生成的融合剂和倍增器，指挥者与被指挥者之间信息互动更加频繁，作战指挥对信息的依存度空前提升，信息主导成为制胜现代战争的重要机理。输入通信中断，意味着指挥员会变成“瞎子、聋子、傻子”，指挥员就难以做出正确的决策；输出通信中断，意味着指挥员会变成“光杆司令”，即使其做出的决策再英明、再高超，也只会葬送在指挥所内的“襁褓”中。

三、军心涣散，兵不执令

所谓“军心涣散，兵不执令”，是指虽然指挥员做出了正确的决策，也将作战命令有效传递到了部队，但由于军心不齐、军心不稳、军纪不严，导致命令指示执行不坚决、不彻底，最终使指挥谋略未能充分发挥其应有的功效。

《孟子·公孙丑下》里说：“天时不如地利，地利不如人和。”从作战角度来说，这里所说讲的人和就是能否得到人民的支持，将士是否齐心协力。《论语·子罕》里说：“三军可夺帅也，匹夫不可夺志也。”无独有偶，《孙子·军事篇》里说：“故三军可夺气，将军可夺心。是故朝气锐，昼气惰，暮气归。”另外，《孙子·作战篇》也将“法令孰行”作为能否取胜的五大因素之一。可见，古人早已认识到军心士气和执行命令的彻底性、坚定性对战争胜败的重要作用。不仅如此，国外诸多军事名将也深谙此道。美军名将麦克阿瑟曾说：“石头是坚硬的，但比它更坚硬的是人的意志，它受理想的指引，它能征服和铸就最坚硬的顽石”，“没有必胜的信念，则战争必败无疑”，“只有不怕死的人才配活着”。著名苏军元帅朱可夫更加直截了当地指出：“如果我知道前进的路上有雷区，我也会让部队直接开过去。”

“兵败如山倒”！可能没有比其描述军心涣散造成的战况更为贴切的了。在人类战争史上，我党领导的三大战役可谓战争史之奇迹，其奇便奇在共产党领导的装备和数量均处劣势的军队，为何能够在半年之内（1948 年 9 月至 1949 年 1 月）如摧枯拉朽之势，横扫装备和数量明显处于优势的国民党军队？冰冻三尺，非一日之寒。当然，促成这一战况的因素有很多，但国民党军心涣散无疑是稀释和弱化其战斗力的重要因素。翻开三大战役的史册，共产党对国民党“打围阻援”“围敌打援”等一幕幕场景扑面而来，整个三大战役好像均被阻援战、围歼战所占据。因此，很多研究者对为何国民党军自始至终未能成规模地突破阻击线？为何具有几十万兵力的兵团自始至终未能成功突破一次？对比一下：共产党所领导的各个纵队在配合其他纵队作战时秉承的是“即使把自己的部队打光了，只要能够换取全国的解放也是值得的”的无私信念，而国民党的各个兵团却因嫡系之争而怀揣“保留实力”的似战非战心态，最终战局便可想而知。

为什么会出现“军心涣散，兵不执令”这一指挥窘境呢？主要有三点直接原因：一是战争的非正义性。所谓“得道多助，失道寡助”，就是这个道理。即便具有高超指挥艺术的将领只要违背民心所向，最终也只会被人民群众的洪流所淹没。二是军队内部缺乏信仰。军队是用来打仗的，是生命的殊死搏斗。如果没有坚如生命的信仰的支持，在生与死的考验前，在金钱、权力等利益诱惑前，必然显得苍白无力。三是军纪不严。作为武装力量的集团，军队必须依靠铁血纪律，才能铸就血肉长城。在苏德战争的斯大林格勒战役中，斯大林向斯大林格勒方面军下达了：“要求各部队无条件地扼守所占领地区。”“今后，没有上级的命令，不得后退一步，这一要求，应是每一个指挥员、红军战士、政工人员的一条铁的纪律。”也正是这一严明纪律，确保在德军攻占了斯大林格勒城 90% 以上城区的情况下，最终还是兵败斯大林格勒。人心、军心、军纪是指挥效能转化为作战效能的唯一途径，没有此条作为保证，作战指挥也便只会“夭折”。

四、手中无兵，无力回天

所谓“手中无兵，无力回天”，是指虽然指挥员指挥能力强、指挥谋略高，但“巧妇难为无米之炊”，在兵力敌我悬殊的情况下，即便指挥员作战指挥的主观指导没有丝毫问题，最终也不得不遭受战败之命运。

关于对作战实力对战争结局的决定性影响，早在中国古代，孟子在《梁惠王》中就有云：“寡固不可以敌众，弱固不可以敌强。”“战争是人类最壮观的竞赛；战斗中强者胜，弱者亡。”出自被称为二战中杰出的战术天才巴顿将军的这一至理名言，更是深刻地道出了战争制胜的本质。另外，被誉为我军“战神”的粟裕可谓运用指挥谋略的典范，但即便如此，他也曾讲过：“要保障战争的胜利，一定要把人力、物力、财力等各方面的力量组织好；战争的哪一方多动员些力量，那一方就多一层胜利的保障。”[1] 毛泽东在《中国革命战争的战略问题》一文中，更是通俗易懂地直接指出：“军事家不能超过物质条件许可的范围外企图战争的胜利，然而军事家可以而且必须在物质条件许可的范围内争取战争的胜利。军事家活动的舞台建筑在客观物质条件的上面……”[2]

在人类战争史中，由于兵力等客观物质条件的限制最终留下终身遗憾的名将实属不少。众所周知，在第二次世界大战中的北非战场上，被称为“沙漠之狐”“帝国之鹰”的德国陆军元帅隆美尔，

---

1 《关于组织战斗》,《粟裕军事文集》,解放军出版社,1989年,第32页。

2 《中国革命战争的战略问题》，《毛泽东文选》第一卷，人民出版社，1991年，第182页。

可谓集“军事家、战术家、理论家”为一体的德国三大名将之一，一生战功卓著。其指挥能力绝不在蒙哥马利之下，但终因兵力悬殊和后勤补给不足等客观原因，兵败阿拉曼。

翻阅几千年的战争史，既有不少著名的指挥将领，因为客观条件的制约，难以形成理想的作战方案，也有不少的优秀军事谋略家试图以其智慧的谋略与敌我悬殊的现实抗争，但却最终难以摆脱失败的命运。说到底，这是因为战争是作战力量之间的实体对抗，没有兵力或兵力不足，作战指挥就失去了效能释放的载体；没有兵力或兵力不足，指挥水平再高的指挥员也会浑身乏力；没有兵力或兵力不足，再高超的指挥谋略也只会是一纸空文。因此，面对“手中无兵”的现实“骨感”，很多指挥员也只能空叹壮志未酬、无力回天。

如何破解指挥员“五个不会”问题

习主席曾严肃地指出，当前部分指挥员能力素质上存在“五个不会”问题，振聋发聩。指挥员不会指挥，何谈打胜仗呢？可以说，“五个不会”是影响和制约我军作战能力生成和提高的瓶颈及症结，也是我军打赢信息化战争亟须解决的最严峻、最迫切的问题。

一、剖析指挥员“五个不会”的深层原因

造成指挥员“五个不会”的原因有很多，有人说是信息知识缺乏，也有人说是军兵种知识掌握不牢，不能融会贯通，甚至还有人简而化之的解释为战术素养弱。但终究这些还是原因的表层，其背后隐藏着更尖锐、更让人深省的深层原因。

指挥员心思与精力不够聚焦。指挥员没有把个人精力和心思放在提高指挥能力上，是导致“五个不会”问题发生的主要原因。主要表现为：有的指挥员本末倒置，把主要精力和工作重心放在梳理成果、观摩试点等所谓“大项任务”上；有的指挥员受“年底出事，一年白干；年尾出事，白干一年”等消极保安全思想影响，把注意力聚焦在部队安全管理工作上；个别指挥员甚至把“能力不如关系”作为个人发展的信条，平时只琢磨如何成长进步，不思考如何备战

打仗；个别单位不作为、地方部门庸政懒政，导致部分指挥员被家属工作安置、子女就学、父母就医等事情牵扯太多精力等。

日常指挥训练活动作风不实。指挥训练活动抓得不实，是导致“五个不会”问题发生的直接链条。主要表现为：一是指挥训练重程序流程轻思维磨砺。部分单位指挥训练流于形式，训练中只是简单地把“机械化”替换为“信息化”，但“作战背景不变，作战地区不变，作战对手不变，作战编成不变”，致使作战决心也多年不变，没有真正达到创新深研战法，提高指挥素养的目的。二是个别指挥员“指挥站位”意识不强。个别指挥员官僚作风严重，首长机关战术作业、指挥演练和演习等指挥训练活动过度依赖指挥机关，直接把“外脑”当“内脑”，把建议当决心，没有自己的独立思考。三是指挥训练只有过程没有结果。由于缺乏实用有效的指挥训练对抗系统和实战检验，多数单位的指挥训练仍然停留在“文书对文书、发言对发言”的纸上谈兵阶段，场面看似热闹非凡，但对于作战决心是否科学合理、指挥谋略孰高孰低、作战方案如何改进优化等缺乏科学有效的评估。

干部选拔任用标准离心偏向。偏离“善谋打仗”用人标准是导致“五个不会”问题发生的逻辑根本。主要表现为：一方面，“善谋打仗”用人导向不够突出。不少单位在选人用人上没有把“善谋打仗”这一核心能力作为重要标准突出出来；部分单位在干部使用上，甚至采取“安全问题一票否决制”，导致部分指挥员坚守“宁肯不要战斗力，也不让部队出问题”的不作为原则；个别单位在干部使用上过多地考虑“任职年限”“工作经历”“学历文凭”，导致真正想打仗、谋打仗、懂打仗的指挥员没有用起来。另一方面，指挥能力评估缺乏量化标准。自习主席指出“五个不会”问题以来，很多单位意识到必须把指挥能力作为选拔使用指挥员的重要标准，但对指挥能力的指标构成、评估标准、评估方法等缺乏明确统一的认识。

配套机制牵引力度严重不足。相关政策机制牵引力不足是导致“五个不会”问题滋生的温床酵母。一是缺乏指挥训练督导机制。训练大纲中对于指挥员的训练内容、训练时间、训练条件、训练方式等相关内容均有具体的明确，但各单位的训练内容、训练时间等指标是否落实，训练实效如何均缺乏有效地监督。二是缺乏训练考核机制。长期以来，对于指挥员指挥能力的考核，大部分单位结合首长机关年度考核和实兵演习进行，但年度没有实兵演习的单位怎么组织，具体谁来组织，多久组织一次，采取什么方式组织，怎么评判等缺乏明确具体的规范。三是缺乏相关奖惩措施。目前，对于指挥能力强的指挥员如何奖励，指挥能力弱的指挥员如何惩处，没有具体的法规文件明确。指挥能力考与不考一个样，考好考坏一个样的现象比较普遍，难以调动指挥员提高指挥能力的内动力。

二、破解指挥员“五个不会”的主要对策

彻底破解指挥员“五个不会”问题，关键还是针对“五个不会”问题产生的症结，刮骨疗毒，在激发内在动因、强化训练组织、肃清不正之风、完善配套机制等方面综合发力，营造主动、务实、有序、规范的指挥训练氛围。

聚焦善谋打仗目标，完善干部选拔任用标准。使指挥员精力向“善谋打仗”目标聚焦是破解“五个不会”问题的最大内动因。选拔任用干部尤其是军事指挥员时，要在政治合格的基础上，弱化年龄大小、任职年限、个人经历、文凭学历等因素的权重，树立“善谋打仗”这一核心用人导向，把指挥能力作为各级指挥员提拔使用

最重要的参考指标，把指挥能力考核作为各级指挥员提拔使用的必备环节，使提高指挥能力与个人成长进步同轨并生，实现责任使命与诉求梦想的高度契合，使各级指挥员回归“谋打仗、研打仗、备打仗”的主责主业。

上级机关主动作为，强化指挥训练组织力度。强化训练组织，是提高指挥训练实效，破解指挥员“五个不会”问题的重要抓手。一是规范训练组织。各军兵种或大单位要区分层次，通过示范观摩或颁发《指挥训练指导法》等形式，对不同指挥训练课目的训练组织进行统一规范。二是适情提高组训主体。各级指挥训练尤其是难度较高的综合性训练课目，应由上级机关或依托院校、基地等教育训练机构集中力量统一组织，改变各级指挥员自编、自导、自演、自训、自评的训练模式。三是加强指挥训练督导。上级单位或机关应建立常态化训练督导组，对下级指挥训练的内容是否完整、时间是否落实、条件构设是否合理、参训率是否达到要求以及具体训练实效等指标进行检查指导。

基于实战实训要求，肃正指挥训练训风演风。端正指挥训练务实作风是破解指挥员“五个不会”问题的重要切入点。一是要突出指挥主体。组织指挥训练时，上级单位或机关要按照脱屏脱稿的要求，常态化随机抽点指挥员确定战斗构想、定下战斗决心、下达战斗命令、处置战场情况等，迫使指挥员深度进入角色，全面掌握情况，锻炼和提高指挥员独立思考，自主决策的能力。二是要弱化输赢观念。平时指挥训练尤其是指挥对抗训练过程中，要树立“重在发现问题、重在磨砺指挥素养”的训练导向，防止为了输赢导致指挥训练走样变形。三是要注重战法创新。不要为了走过场、演流程，机械地按照训练计划“流水式”推进，要着眼于提高指挥能力，切实把知识点理清，把疑惑点研透，把分歧点、矛盾点归一，力争在力量使用、战法创新上有突破。

区分不同专业层次，制定指挥训练考评机制。指挥训练考评机制是破解指挥员“五个不会”问题最有力的制度牵引。一是明确考评内容。组织指挥能力考核应以打赢信息化战争为牵引，以一体化联合作战为主要作战样式，瞄准主要战略对手和作战对象，围绕作战指挥活动，结合不同军兵种专业，以“判断形势、理解上级意图、定下作战决心、摆兵布阵、处置突发情况”等综合能力考核为重点。二是拓展考评主体。改变以往上级考下级的部队内部考评模式，充分发挥指挥院校专家专业优长，区分联合、军种、兵种三个层次，采取“上级机关组织，院校专家主导”的方式组织。三是改进考评手段。由全军统一规划，区分联合和各军兵种，研发实用有效的指挥能力评估系统，实现指挥能力的动态量化评估。四是注重考评反馈。考评结束后，应及时将考评结果反馈至参考对象及其上级，对考评过程中出现的问题尤其是情况内的作战问题应及时讲评和解答，使参考对象清楚问题症结、问题缘由和优化方案，使参考对象的上级了解所属指挥员指挥能力状况，为干部选拔使用和下一阶段指挥能力训练提供依据。

如何避免陷入“OODA”的死循环

战争外在呈现为实体力量的直接比拼，内在呈现为作战指挥的间接博弈。随着信息化武器装备尤其是精确制导武器在战场中的广泛应用，战争制胜机理已由传统的“大吃小”转变为现在的“快吃慢”。指挥对抗决定力量对抗，指挥周期决定行动周期，要想夺取控制战争进程的主动权，必须夺取“OODA”环（观察、判断、决策、行动）的运转优势，争取快于对手决策、快于对手行动，从而以指挥优势换取行动优势。反之，一旦我指挥周期的运转慢于敌指挥周期的运转，敌先于我发起第一个作战行动，我指挥活动就会陷入“OODA”的死循环，始终无法进入“行动”环节，指挥效能始终无法转化为行动效能。因此，深度思考如何避免陷入“OODA”的死循环，对于获取指挥主动权和战场主动权具有重大现实意义。

一、打破常规套路，搅乱敌战争设计

战争设计是作战指挥的逻辑依据，作战指挥是实现战争设计的主要途径。鉴于当前敌方指挥运转快于我、指挥效能优于我的客观实际，要想彻底避免陷入“OODA”的死循环，获取作战指挥的主动，最根本的还是坚持“你打你的、我打我的”进行作战筹划，出敌不意推动战局按照己方的作战设计发展。

出敌不意选择战场空间。战场空间作为作战双方对抗较量的主要舞台，不仅是作战力量投放的主要方向，也是作战指挥的重要关注点。预设战场空间出现偏差，不是一般的差错，而是战略性错误，可能导致作战准备的全部“翻盘”，对掌握战争开局和作战指挥的主动权将会产生致命性影响。在符合总体战略企图下，我们要冲破“突破作战对象防御体系、打破战略对手封锁区域”的思维束缚，绕开作战对象长期准备的主要作战方向，规避敌方军事干预的重点区域，在敌人认为最不可能的地方开辟战场。

出敌不意设计作战进程。设计作战进程是作战筹划过程中对作战阶段的基本划分，是对战局发展的初步设想。设计作战进程不仅是作战指挥的主要工作，也导控着作战指挥的主要活动。作战进程的转换决定作战指挥的转换，作战进程的节奏决定作战指挥的节奏。近年来，随着对制信息权重要性认识的不断深化，相当数量的军事理论专家显然已把“夺取制海权必须夺取制空权，夺取制空权必须夺取制信息权”奉为现代战争的“铁律”，并把夺取制信息权行动想当然地认为必是作战双方较量的开局，从无丝毫质疑。“兵无常势、水无常形”，战争从来没有固定的“套路”和“模板”必须遵循。一旦坠入“敌方现在怎么打仗，我们就怎么设计打仗”的思维陷阱，作战指挥无疑也便如同“行尸走肉”，时刻处于被动。我们要围绕实现作战目标，基于作战行动毁伤机理，对作战进程进行创造性设计，避开与敌方谋划已久的优势作战行动直接对抗，从而迫使对手优势作战行动所对应的指挥活动失效。

出敌不意选择行动方法。作战力量遂行作战行动，作战行动产生作战效能。即便作战力量相同，使用方式不同、行动方法不同，产生的作战效能也会大相径庭。因此，确定行动方法不仅是作战设计的应有之义，也是作战指挥活动的重要内容。要改变传统“以电磁力量对抗电磁力量、以网络力量对抗网络力量、以兵力反突击对抗兵力突击、以炮火反压制对抗炮火压制、以潜艇对抗潜艇、以拦截反导对抗精确制导”等同质作战力量和作战行动的对等对抗思路，着眼快速达成作战目的，基于作战效能毁伤机理，立足现有装备，通过致盲卫星破坏敌体系组网优势，通过电磁脉冲攻击和特种破袭关键节点削弱敌信息优势，通过海空设障立体削弱敌海空机动优势，最终取得“以能击不能”之效果。

二、搞好内部优化，缩短我指挥周期

破解问题的症结是解决问题的钥匙。既然我方指挥周期运转慢于敌方指挥周期运转，是陷入“OODA”死循环的直接原因，那么，围绕影响我方“OODA”环运转速度的因子，采取多种措施综合发力，最大限度地缩短指挥周期，当然也是避免陷入“OODA”死循环的有效途径。

减少指挥层级。从信息流转的角度讲，指挥周期是信息沿指挥链完成一次完整流动的时间。理论上说，指挥周期的长短主要由指挥链的长短、信息流转的速度及指挥信息在各个指挥层级的停滞时间决定（指挥员的素质、指挥手段、指挥环境等其他因素的影响内含在三个要素之中）。缩短指挥周期主要有三种途径：缩减指挥链的长度；减少指挥信息在各个指挥层级的停滞时间；加快指挥信息流转的速度。客观地讲，我与敌指挥信息系统建设水平确实存在差距，但当前敌我网络基础设施传输容量基本一致；若传输信息量相当，敌我指挥信息流转速度理应相差无几。因此，缩短指挥周期关键还是要缩短指挥链，以及减少指挥信息在各个指挥层级的停滞时间。

而指挥链是指挥信息从上到下的流转路径，是指挥体系的纵向结构，缩短指挥链必然意味着要减少指挥层级。同样，减少指挥信息在各个指挥层级停滞时间最直接最有效的方式也是减少指挥层级。当前，我军基本建立“军委—战区—部队”三级指挥体系。显然，战时不能将所有作战行动均按此流程实施指挥，必须对不同规模、不同性质作战行动的指挥权限进行明确划分，尽量减少指挥层级。

同步联动作业。指挥作业方式决定指挥信息流转方式，当然也影响指挥周期的长短。长期以来，在指挥手段有限的客观原因及保持上级指挥员拥有相对信息优势的主观原因交织影响下，我们一直采取层层滞留的“线性”指挥作业方式。显然，这种指挥作业方式不仅损伤了指挥信息的完整性与准确性，也无形中延长了指挥信息流转的时间。要改变以往自上而下逐步进入情况、逐步判断、逐步决策的“串联式”指挥作业方式，采取各个指挥层级“并联式”作业。具体来说，就是将获取的战场情况，通过态势共享功能，最大限度地实施广域分发，使战区联指、方向联指、任务部队等各个指挥层级及其内部各个指挥要素同步进入情况、同步判断、同步决策、同步计划，将作战筹划时间＝ Σ 各个指挥层级（$T_{情报}+T_{判断}+T_{决策}$），缩减为若干指挥层级作战筹划的时间。即通过减少指挥信息在指挥层级、指挥要素上滞留的次数，缩短指挥周期。

推动数据指挥。指挥者、被指挥者、指挥工具、指挥信息是构成作战指挥的四个基本要素。指挥者、被指挥者思维运转越快、指挥工具越先进，指挥信息流转也必然相对加快，指挥周期也会相应缩短。不可否认，指挥活动的创造性主要体现在指挥员思维活动的创造性上，作战指挥的艺术性也主要体现在指挥员的谋略性上。但同时，由于人思维过程的复杂性、主观性，导致人的介入成为影响指挥周期最大的变量。换句话讲，要想缩短指挥周期，应尽量减少人在作战指挥活动尤其是指挥信息流转过程中的参与程度。因此，在观察、判断、决策、行动的整个作战指挥过程中，对于一些简单的思维过程，要争取由计算机代替指挥人员进行智能决策。具体来说，就是通过规范指挥信息数据格式，统一数据接口技术体制，使机器能够直接识别和读懂指挥信息，并基于庞大的情况比对数据库，自动决策、自动控制，实现指挥信息从传感器到武器平台的直接铰链，以最大限度地减少指挥信息在人大脑中的留存时间。

三、主动灵活求变，突破“OODA”死循环

鉴于近几场局部战争实践及我军指挥演练水平，不可否认，敌方指挥周期运转总体快于我方指挥周期运转是不可争辩的现实。一旦敌方与我方摊牌并发生直接军事对抗，为避免我方陷入作战指挥的“OODA”死循环，应大胆突破战场空间、作战进程和作战目标的束缚，通过自主灵活地“节外生枝”，扰乱敌作战指挥周期。

主动转换战场。战场空间既是敌我双方作战力量的对抗空间，也是作战指挥活动的筹划和控制空间。从一定意义上说，在整个作战指挥活动过程中，观察是获取战场情况，判断是研判战场态势，决策是定下作战决心，行动是实施战场处置。即战场牵引作战指挥，作战指挥的重心聚焦主要战场。一旦敌获取特定战场空间的控制权，或当敌我双方正在激烈争夺某一方向战场空间作战行动的主动权，但预期时间内我方又无法取得战场控制权时，要时刻用作战目的校正战场选择和战场配置，从塑造总体有利作战态势出发，敢于在既定战场之外开辟新的战场，善于转换主要战场与次要战场，以及战场的主要方向和次要方向，切忌陷入“为争战场空间而争战场空间”或明知战果的“死地”之争。最终，通过开辟新的战场或重置战场重心，

谋取战场情况的突变，牵动敌作战指挥活动不得不被动卷入另一条新的指挥链路，从而使我方获取另一战场作战指挥的主动，摆脱原有战场作战指挥的被动。

主动转换进程。从作战全局来看，作战进程决定作战指挥进程；从某一具体作战行动来看，作战指挥进程导控作战行动进程。即作战进程的主动权与作战指挥的主动权相互作用、联体互动。具体来说，上一个作战行动效果是遂行当前作战指挥活动的逻辑起点，当前作战指挥活动决定和控制下一个作战行动，如此循环往复。当敌了解我作战进程设计，或凭借其作战力量优势，夺取信息攻击、机动突击、空中打击等某个作战行动优势，掌握主导作战进程的主动权时，为跳出其对应作战行动“OODA”作战指挥的死循环，应针对作战指挥与作战进程双向互动的内在机理，通过“故意”快速发起新的作战行动，突然转换作战进程，截断原有作战行动与作战指挥环环相扣的链接，迫使敌方作战指挥被动进入新的作战行动或作战进程对应的作战指挥周期。

主动转换目标。作战目标有两层含义：一是作战目的。二是特定作战行动的作用对象。从作战目的的角度讲，作战目标决定作战任务，作战任务决定作战行动；在作战指挥活动中，指挥员将总体作战目标细化为若干小的作战目标，围绕若干小的作战目标，筹划和控制作战行动，作战目标是作战指挥活动的“总开关”；作战目标确定后，当战场情况没有重大变化时，通常应坚决执行；但作战目标并非绝对不能改动，尤其是当我方局部作战目标（作战目的）暴露或难以达成时，应根据战场态势果断予以调整。从作战行动的作用对象角度讲，作战目标既是进攻方的打击对象，也是防御方的防卫对象；对作战目标的信息获取、价值判断、打击（防卫）方式选择、打击（防卫）效果评估对应于作战指挥活动中的观察、判断、决策、行动环节。作战指挥过程中，不应过分关注个别尤其是非关键性作战目标的得与失，要从导控战场整体布势和整个战局发展出发，选择新的作战目标，开启新的作战行动，引偏敌作战指挥重心，扰乱敌作战指挥链路，达到“一拳打得百拳开”之效果。

游击战战略思想的生命力

游击战是我们党和军队在长期革命斗争实践中将马克思主义战争观与中国革命实际相结合的主观创造，是保存革命力量、打击消耗敌人的重要战略指导和方法途径，是毛泽东军事思想的重要组成部分，是取得土地革命战争、抗日战争、解放战争胜利的重要法宝。无论时代特点如何变迁，战争样式如何变化，游击战在中国革命实践的历史时空中所创造的“以小胜大、以弱胜强”的战绩如石印铁痕永远无法否认和抹杀，其蕴含和闪耀的作战指挥艺术的伟力与光辉，永远值得我们深入研究、系统梳理、总结分析和思考借鉴。

一、游击战的现实依据是敌强我弱的形势所迫

战略指导源于正确的战略判断，战略判断源于客观的战略实际。游击战不是主观臆想、凭空捏造的空洞理论，是“敌太强、我太弱”中国革命形势的现实所迫，是中国革命实践的历史选择，是无数革命先烈用血泪洗淘的精华。

敌太强我太弱，只能游击。没有一成不变的战略战术，也没有广泛适用的战略战术，战略战术不是越新越好，也不是场面越大越好，关键是是否符合客观实际。总体来说，与运动战、阵地战相比，游

击战的作战规模相对较小，作战时间持续较长，一次作战取得战果也相对较小。毋庸置疑，若我强敌弱或势均力敌，为快速壮大革命武装，巩固和扩大抗日根据地，达成作战目的，会尽可能采取阵地战、运动战的作战方式。但在土地革命战争和抗日战争中，在作战力量对比上经常出现敌数倍甚至数十倍优于我的悬殊情况，在总体态势上经常出现敌对我多方向合围、多路合击的危急态势。面对敌强我弱的客观实际和武装革命斗争的长期性和残酷性，着眼“保存自己，消灭敌人”这一战略目的，游击战成为特定历史时空条件下唯一的战略选择。

游是保存自己，不游则亡。“游”是游击战的最大特点，也是游击战的核心生命力。历经南昌起义、秋收起义、广州起义，我们充分认识到，一方面，要坚定武装斗争的道路；另一方面，城市暴动难以取得胜利，游击战争才是取得武装暴动胜利的有效形式。另外，前四次反“围剿”的胜利与由于“左”倾冒险主义导致第五次反“围剿”失败的强烈对比，再次证明我党领导的革命武装从不缺少大无畏的革命英雄主义，但面对数量多于我、装备强于我、保障优于我的敌人，我们不能硬碰硬，不能无谓地以革命力量的生命与鲜血去书写毫无意义的“壮歌”。南昌起义后，朱德在粤北韶关犁铺头整训时说：“我们人少枪少，不能和敌人硬拼……”当强大的敌人向我进攻时，不能原地不动被动挨打，也不能与敌死碰硬磕，必须实施快速灵活地游动，脱敌离敌，避敌锋芒，防止被敌揪住、缠住、拖住、围住，否则势必造成革命力量的巨大伤亡。

击是消灭敌人，不击也亡。从一定意义上说，“游”更多地表现为防御性，“击”更多地表现为进攻性和积极性。只“游”不“击”就是消极和被动防御。一方面，党内右倾投降主义的错误，用无数革命烈士的生命与鲜血刻写了放弃武装斗争的惨痛教训；另一方面，顽军、伪军、日军一次次对革命根据地的围剿、扫荡，再次佐证反革命武装剿杀武装革命力量的坚定性和残酷性。不坚决地打击敌人，消灭敌人，从根本上削弱敌人力量，就不能改变敌强我弱的总体格局，也便不能从根源上减少和消除敌对我革命武装力量的威胁。从一定意义上说，不能更大地消灭敌人，就无法更好地保存自己。因此，“游”是保存自己，“击”也是通过消灭敌人保存自己。

二、游击战的核心灵魂是实施灵活的机动打击

“游”是游击战的手段和形式，但最终目的还是“击”。“游击”就是将高度灵活的机动与进攻有效结合，通过快速机动捕捉和创造消灭敌人的时间、空间和力量优势，最终达成进攻的突然性和隐蔽性。

能击则击，不击则游。毛泽东曾经指出：“一切军事行动的指导原则，都根据于一个基本的原则，就是：尽可能地保存自己的力量，消灭敌人的力量。”[1]游击战也完全符合保存自己、消灭敌人这一矛盾辩证法。总体来说，游击战坚持“能击则击，不能击则游”这一基本原则，即“打得赢就打，打不赢就跑”。换言之，能消灭、削弱敌人，或从全局衡量来看，利大于弊，就“击”；反之，敌方可能消灭或削弱我方力量，或从全局衡量来看，弊大于利，就“游”。但无论是“击”，还是“游”，均是为了达到“保存自己、消灭敌人”这一根本目的。究竟选择“击”，还是选择“游”，取决于指挥员的作战企图、敌我力量对比和能不能打赢。

分散游动，集中打击。游击战作战指挥艺术绝不是简单地指一部作战力量“打中跑、跑中打、打完就跑”，更重要地体现在兵力

1 《抗日游击战争的战略问题》，《毛泽东文选》第二卷，人民出版社，1991 年，第 406 页。

使用上要“分散游动、集中打击”。粟裕曾指出：“关于作战方法，以团为单位的战斗和行动将大为减少，代之主要以营连为单位的、有计划有目的的、经常而有效的游击战。”[1]即相比运动战、阵地战，游击战在力量使用上总体比较分散，但当消灭敌人或组织进攻时，正如毛泽东所说的“集中大力，打敌小部”[2]，游击战则仍然强调集中兵力。“分散”的目的是化整为零，增强机动的灵活性、隐蔽性和快速性，使敌人找不到；“集中”的目的是合零为整，形成拳头，在局部形成强于敌的力量优势。只有“分散”才能身轻如燕、动得自如；只有“集中”才能形成合力，确保打赢。

快速打击，巧妙打击。由于敌方力量的强大、我方力量的弱小，游击战呈现“游中击”的典型特点，即需要在快速机动中寻找、捕捉和创造进攻敌人的战机。一旦进攻企图暴露，敌人感到游击部队的存在或行动久拖不决、敌人找准游击部队的位置，势必对游击部队进行疯狂地镇压和反扑。游击战的主要打击对象是没有或疏于防范之敌、立足未稳之敌以及精神恍惚之敌。因此，游击战重在突袭，重在出敌不意，重在隐蔽快速地集结和转移兵力。“如果敌情特别严重，游击部队不应久留一地，要像流水和疾风一样，迅速地移动其位置。兵力转移，一般都要秘密迅速。经常要采取巧妙的方法，去欺骗、引诱和迷惑敌人，例如声东击西、忽南忽北、即打即离、夜间行动等。”[3]换言之，秘密、快速、灵活是贯穿“分散接近—集中打击—分散转移”整个游击作战行动链条的基本要求，也是“游击”

---

1 《粟裕回忆录》，解放军出版社，2007年，第196页。

2 《抗日游击战争的战略问题》，《毛泽东文选》第二卷，人民出版社，1991年，第409页。

3 《抗日游击战争的战略问题》，《毛泽东文选》第二卷，人民出版社，1991年，第414页。

的主要形式。

三、游击战的实施基础是根据地内的域内作战

任何作战指导或战法均有其成长和成熟的特定时空条件，同样只有植根于一定的环境土壤，作战指导才能滋养和焕发其旺盛的生命力。游击战并非取得作战胜利的通用法则，也需要其赖以立足和施展的现实基础，以达成弥补作战力量劣势之目的。

地形有利的优势。无论作战样式如何变化，武器装备如何发展，地形始终是作战力量、作战行动赖以存在的空间条件，是制约作战效能发挥的重要因素。对于游击战来说，地形的作用显得尤为突出。抗美援朝战争中，志愿军一八〇师在异国他乡，采取打游击分散突围，就是惨痛的教训。可以说，没有地形的优势，谈游击就是一句空话。一方面，要想“游”得隐蔽，“游”得快速，“游”得自如，必须选择便于我方隐蔽、便于我方机动、便于遏制敌方机动和扰乱敌作战队形、分断割裂敌作战部署的有利地形。因此，游击战通常适用于植被茂密的丛林或山地、丘陵地。另一方面，游击部队必须非常熟悉地形，时刻清晰“在哪里、去哪里、怎么去”。尤其是机动路线上的河流、湖泊、居民地、道路等地物、地貌条件以及其对我机动转移、兵力部署、作战行动的影响，便于因势而聚，因势而击，因势而散。

人民支持的优势。从战争制胜之道的严格意义来说，弱不可能胜强。长期以来，我们之所以称游击战是我军由弱胜强、以小胜大的作战指导，其实仅仅指的是在正规作战力量对比上，我方弱于敌方。但从广义上来说，人民群众才是历史的创造者，我们之所以能够运用游击战取得中国革命战争的胜利，其根本原因是人民群众始终站

在我们这一边，始终是中国共产党和红军的拥护者和支持者。一方面，在游击战中，虽然敌我双方正规武装力量悬殊，但如果把地方武装和人民群众的支持通盘考虑，我方劣势就不再特别明显，甚至占据优势。另一方面，有了人民的支持，在情报、后勤保障等方面，游击部队就能时刻掌握主动和先机，而敌方就会成为“聋子、瞎子和乞丐”，就会陷入人民战争的汪洋大海。这就是粟裕说的“游击队要能自如的活动，根本的一条是要依靠群众，会做群众工作”。

据点支撑的优势。红色政权和红色革命力量之所以能够在白色政权和反革命武装的包围中存在和发展，从一定意义上说，源于在土地革命战争和抗日战争中，我们党和军队始终将武装斗争和根据地建设作为两项战略任务协调推进。“武装斗争为建设根据地打开了道路并提供了保障，根据地建设支持了武装斗争。”武装斗争与根据地建设相互支撑，相辅相成。同样，实施游击战，不仅要有相对稳定的大块游击根据地，形成比较巩固的游击区，便于长期坚持敌后作战；而且在大块游击根据地的周围，还必须建立一些小块的游击根据地和若干的游击点，这些小块的游击据点可以为游击战提供更多的“落脚点”和“跳板”，以便拓展“游击”的空间，提高“游动”的灵活性，增加“游击”的选择性，最终取得以空间优势和机动优势抵冲力量劣势之效果。

四、游击战的制胜逻辑是积小为大的逐步蚕食

游击战之所以能够在中国革命实践中屡次创造出以弱胜强的战争史奇迹，并最终取得抗日战争的伟大胜利，其根本逻辑在于抓住战略的持久性这一根本矛盾，通过“积小胜为大胜”和长期地逐步消耗敌人，最终达到削弱和战胜敌人之目的。

歼灭弱敌。从全局和长远来看，游击战强调长期逐步消耗敌人，但从局部来看，“游击”并非降低进攻的强度，也并非否定速决战和歼灭战。相反，战役战术上的速决歼灭战一直是“游击”的追求目标。一方面，“对于人，伤其十指不如断其一指；对于敌，击溃其十个师不如歼灭其一个师。”[1]如果只是击溃敌人、损伤敌人，但敌人的有生力量还在，那么敌人还会卷土重来甚至是更加残暴的反扑。另一方面，“没有枪没有炮，敌人给我们造。”革命战争时期，由于物质条件和技术的缺乏，我军的主要武器装备来源于缴械。因此，歼灭既是削弱敌人，也是壮大自己，是消除敌强我弱的最佳途径。但在歼灭敌人的方式上，游击战强调依据不同的敌人，采取更加灵活的方式，对于孤立弱小的部队，迅速围而歼之；对于一打就垮的部队，穷追猛打；对于战斗力较强的部队，采取迂回包围、击头、拦腰、斩尾等方式逐段逐片而歼。

袭扰驻敌。敌驻我扰是游击战思想的重要内容。作战双方的对抗归根结底就是尽力实现己方作战企图，阻止和遏制敌方作战企图的实现。毫无疑问，歼灭是削弱敌人、保存自己，实现己方作战企图最直接的方式。但是，在多数时候，游击部队是没有歼灭敌人的战机的，尤其是对于静止的高度防范之敌，游击部队很难近距离接触，更不用说达到歼灭之目的。既然无法消灭敌人，就要消磨敌人，就要尽可能防止敌人战斗力的恢复和补充。因此，游击战高度重视对静止之敌的袭扰，力图通过以部分兵力实施系列侵扰和破坏活动，打乱敌人作战部署，扰乱敌人作战行动，达成限制和破坏敌人作战企图的目的。

拖疲强敌。把肥的拖瘦、把瘦的拖垮、再寻机歼灭是游击战中

---

1 《中国革命战争的战略问题》，《毛泽东文选》第一卷，人民出版社，1991 年，第 237 页。

用于削弱敌人、消灭敌人的另一重要方式。翻阅中国革命战争实践史，数倍甚至数十倍武器装备优于我的敌人，从多个方向对游击部队实施“追杀清剿”，并且任何一个方向的敌人的战斗力仍然强于游击部队力量总和的“危局”“死局”数不胜数。从一般意义上说，被围困部队必定难以逃生；但游击部队却总能屡次成功破局，击溃敌人围剿。其主要破局之策和制胜之道就是以少数部队实施引诱、欺骗行动，采取东去西返、早出晚归等方式，牵动敌人主力进行“8”字形、“S”形、电光形等绕圈大游行，不断消磨敌人体力和战斗意志，将追击之敌拖疲、拖垮、拖散，再以游击部队的主力伺机将疲、跨、散之敌分而歼之。

基于主观指导符合客观实际剖析战略指挥过程

在战略指挥活动中，主观指导不符合客观实际是一切战略指挥错误发生的根源。从某种程度上说，整个战略指挥过程就是战略指挥员及其指挥机关追求主观指导符合客观实际的过程。

一、正确认识客观实际——形成战略判断

形成战略判断是战略指挥活动的首要环节，也是做出战略决策的前提和基础。战略判断的实质就是通过去粗取精、去伪存真、由此及彼、由表及里的深刻分析，拨开“战争的迷雾”，获取对战略态势全局性、根本性的正确认识。

正确认识战争制胜机理。战争制胜机理是克敌制胜的基本原理和规律。毛泽东曾说：“战争的规律——这是任何指导战争的人不能不研究和不能不解决的问题。”[1]作为战略指挥员，其首要任务就是研究和弄清战争制胜机理。研究战争制胜机理，不仅要研究一般战争制胜机理，更要研究信息化战争制胜机理；不仅要着眼世界军事革命大势研究长远制胜之道，又要立足国防和军队建设实际，探

1 《中国革命战争的战略问题》，《毛泽东文选》第一卷，人民出版社，1991 年，第 170 页。

寻适应“你打你的、我打我的”这一战略指导的当前克敌之策；既要充分认清“信息主导、精打要害、联合制胜”对体系作战能力生成和提高的一般决定性作用，更要结合具体战争样式研究探索战争制胜机理的特殊性。正确认识战争制胜机理，不仅要以“系统论、控制论、信息论”等传统思维方式，认识战争的“确定性”和“因果关系”，更重要的是以“耗散结构论、协同论、突变论”等复杂性科学思维方式，正确认识现代战争的“不确定性”和“涌现性”。

正确认识安全战略环境。战略环境是影响国家安全或战争全局的客观情况和条件，也是实施和影响战略指挥的重要外因。正确认识安全战略环境，既要正确认识国际战略形势、地缘政治格局、周边安全形势等外部安全环境，又要正确认识政治、经济、社会等内部安全环境；既要正确认识政治、国土、经济、社会、网络、军事、科技、文化、生态、资源、海外利益等传统安全领域战略形势，又要正确认识太空、深海、极地等新型领域战略形势；既要考察分析战场及相关区域的地形、气象、水文、资源、交通等自然条件，又要考察分析军事、政治、经济等力量的地理布局。正确认识战略环境，不仅要以客观的视角认识当前安全战略环境，也要以动态的眼光预测安全战略环境可能的发展变化；不仅要正确认识对我有利的战略环境和战略环境的有利方面，便于因势利导、顺势而为，也要正确认识对我不利的战略环境和战略环境的不利方面，争取聚势补弱、绕害而行。

正确认识敌我力量格局。敌我力量格局是双方强弱、优劣的客观状态，也是战略判断的重要内容。《孙子·谋攻篇》中曾述：“知己知彼，百战不殆；不知彼而知己，一胜一负；不知彼，不知己，每战必殆。”正确认识敌我力量，既要分析现实力量对比，又要分析战争潜力对比；既要分析军事力量对比，又要分析国家综合实力对比；既要分析与主要作战对象的力量对比，更要充分考虑主要战略对手及其联盟力量，判断其军事干预的程度、能力和方式；既要分析陆、海、空等常规作战力量对比，更要注重信息战、网络战、电子战、太空战等所涉及的战略作战力量对比；既要分析单个武器作战平台能力对比，更要注重作战体系对比。正确认识敌我力量，不仅要分析敌方的强点和我方的劣势，避敌之强补己之弱，也要找准敌方的软肋和我方的优势，扬己之长克敌之短。

正确认识主要战略威胁。战略威胁是对战争发生方向、对象、方式、强度的判断，也是战略指挥和战略准备的基点。恺撒在《高卢战记》中曾说："找到你的对手，你才能安全。"反之，不知道自己的战略对手是谁、在哪里打仗、打什么样的仗，就不可能想明白怎么打仗，更不可能确保打胜仗。正确认识主要战略威胁，主要是分析确定可能面临的战争形态、作战样式、主要战略对手、潜在战略对手、主要作战对象、战略方向、战争规模及其主要特点。当前我国主要战略威胁就是围绕国家主权之争引发的局部战争，以及美国及西方国家对中国和平发展的遏制围堵与我国为维护国家海外利益之间的矛盾，而造成的军事冲突或危机失控，可能面临的主要作战样式就是打赢来自海上方向的信息化局部战争。正确认识主要战略威胁，不仅要立足现实威胁分析，也要着眼现实威胁可能引发的其他潜在威胁分析；不仅要立足当前威胁分析，也要着眼当前威胁后续动态发展分析。

二、形成符合实际的主观指导——做出战略决策

做出战略决策是实施战略指挥的核心环节，也是指导战略行动的基本依据和确保实现战略目标的关键。战略决策的实质就是依据

战略判断的结果，围绕“战略目标和任务、战略方针、军事力量运用”等核心内容，形成符合客观实际的战略指导。

确定战略目标和任务。战略目标是战略指挥员所期望战略行动达到的预定状态或结果，是战略指挥活动的逻辑起点，是制定战略方针、明确战略任务、制定战略计划、组织战略行动的基本依据。确定军事战略目标，要以实现国家战略目标为依据，立足现实战争能力，着眼可能战争潜力，充分考虑现有战略手段，坚持适度原则，突出打赢标准。确定战略目标时，既要充分考虑总体战略目标确定打赢标准，更要根据不同的战略任务、不同的战略对手，确定不同的打赢标准；既要向理想目标努力，也要预先考虑可接受目标和底线目标；既要考虑符合国家军事斗争准备的总体战略要求，又要充分考虑各个时期、各个阶段、各个方向或各个领域的具体战略要求。战略任务，是为实现战略目标必须完成的任务。规定战略任务，应责任明确、区分合理、范围适度、符合全局需要又切实可行。

制定战略方针。制定战略方针是战略决策的核心内容，是指导战争全局和所有战略行动的纲领性意见和原则性要求，对军事斗争的进程、结局有着决定性作用。制定战略方针通常应根据时代特征、战略意图、战略手段，重点明确三项内容：一是主要战略对手和主要作战对象。通常把对国家安全构成全面而重大威胁的对象确定为主要战略对手，把可能与之发生直接军事冲突的对象确定为主要作战对象。二是主要战略方向和战略打击目标。主要战略方向通常选择主要作战对象对我威胁最重、危害最大或其可能进攻的主要方向。主要打击目标通常包括主要战略对手、主要作战对象以及可能的潜在战略对手等敌对国家和地区的政治领导机构、战略指挥机构、重兵集团、核心军事基地、卫星系统等。三是战略指导思想与原则。通常应明确主要作战形式、主要作战样式和基本作战方法。确定战略指导，不仅要明确统管战略全局、战争全程的战略总指导，也要明确统管战争某一方面、某一领域、某一阶段的具体战略指导。

明确战略部署及力量运用。战略部署是战略指挥员为达成既定战略目标，依据战略方针，对各种力量的任务、编成、配置及行动做出的总体安排。战略部署，通常应根据战略目标、战略任务、主要作战样式、构设的主要作战行动、敌我作战力量对比和战场环境，结合平时主要战略方向区分和战略区划设调整确定。明确战略部署及力量运用，既要明确战略力量运用的总体规模和构成，也要明确不同战略力量的力量编成、配置、任务区分和运用方式；既要注重集中力量于主要战略方向和主要战略对手，又要着眼全局稳定兼顾必要的力量于次要战略方向和潜在战略对手；既要注重常规作战力量战力发挥，又要注重新型作战力量的战力运用；既要注重构建全方位总体作战能力战略体系，又要注重能够制衡战略对手的关键性非对称作战能力的生成。

三、正确运用主观指导——组织战略实施

组织战略实施是实施战略指挥的关键环节，也是实现战争潜力向作战能力转变，达成战略目标的具体实践活动。组织战略实施的实质就是为实现战略目标，结合战略形势的发展变化，正确运用和实践战略主观指导的过程。

做好战略准备。战略准备是指为实施和应对战争而进行的包括政治、经济、军事、外交、科技、文化等方面的全面准备。做好战略准备，需要重点关注以下几个方面：一是战略情报准备。主要包括敌方战略情况、相关国际条件、战略地理状况。二是战略预案准备。主要包括情况判断、明确战略目标和任务、明确力量编成和任务区分、

规定作战方向和打击目标、选择作战行动、明确指挥协同和保障事项。三是战略力量准备。主要包括编组联合作战力量、增强各军兵种的作战能力、加强联合作战训练。四是武器装备准备。主要是对武器装备进行更新、调整、补充、维修和保养。五是战场准备。主要包括勘察和规划战场，以及战场阵地、指挥网、通信网、交通网和后方基地的建设等。此外，还应做好战争动员准备和战斗精神教育。战略准备是一项基础性、长期性、全面性的工作，做好战略准备的关键是依据军事战略方针，瞄准主要战略对手和作战对象，立足可能的作战样式，把功夫下在平时。

指挥战略行动。战略行动是影响战争和战略全局的重大行动，是贯彻执行战略决策、战略计划，完成战略任务，实现战略目标的基本途径和集中体现。指挥战略行动是最高层次的指挥活动，也是战略指挥的主体工作。指挥战略行动应把握三点：一是应在现有“军委—战区—部队”三级指挥体系架构下，探索适应战场实际的具体指挥模式。二是应根据指挥手段、力量规模和遂行的作战任务，科学选择和综合运用“集中指挥、分散指挥、逐级指挥、越级指挥”等多种指挥方式。三是依托纵向贯通各个指挥层级，横向衔接情报侦察、预警探测、测绘导航、气象水文，末端交链主战武器平台的指挥信息系统。指挥战略行动的关键是以战略协同计划为基本依据，结合战场战略形势的变化，调整各方向、各集团、各领域的作战力量，确保战略形势向预定态势发展。

实施战略调控。战略调控是对战略力量编成与部署、战略行动设计与展开、战略举措研究与选择进行的调整和控制，也是战略指挥活动中最复杂、最困难，最能体现指挥艺术和考验指挥能力的环节。实施战略调控重点要做好两项工作：一是调控战略进程。要围绕实现战略目标，牢牢掌握军事斗争的主动权，从时间进程、空间方位、任务态势等多个维度，控制战局发展方向和节奏，校正战局偏向，避免战局失控。二是进行战略调整。随着战略形势的变化和主观认识的不断深化，对战略决策和战略行动的部分内容进行适当修正和改变，确保始终保持战略上的主动及战略态势向战略目标的无限接近。战略调控的关键是能够清晰地感知战略形势与战略目标的偏差，快速准确地做出纠正偏差的临机战略决策，提出能够实现临机战略决策的战略举措。

战略指挥能力的内生“基因”

从某种意义上说，什么错误都可以犯，战略性错误不能犯；什么错误都可以挽回，战略性错误不可以挽回。战略指挥的重要性决定战略指挥能力的重要性。但有多大的权力，就有多大的职责。较战役战术指挥员，战略指挥员虽然拥有更多更大的作战指挥权，但同时也承担着更多更重的作战指挥任务与职责，需要具备更强更高的作战指挥能力。当然，关于战略指挥能力的构成众说纷纭，有的观点认为包括敏锐的洞察力、深度的理解力、快速的决策力和全局的控制力；有的观点认为包括开拓创新力、战略思维力、技术理解力、团队协作力、协调沟通力等。基于不同的标准，就有不同的分类，我们无须在此争论不休。因为我们更加需要关注和深思另一问题：能力不会凭空产生，其背后隐藏的内生“基因”是什么？显然，深挖和搞清这一本源性问题更有价值，对于推动战略指挥员战略指挥能力的生成和提升具有圭臬作用。

一、战略指挥能力构成的“思维基因”

思维方式决定行为方式，也决定战略指挥能力生成的逻辑结构。思维虽然看不见、摸不着，但却是根植于能力之中最重要的“基因”，思维的结构、深度和广度对战略指挥能力的生成影响最深刻、也最广泛。

战略思维。如果说要求战役战术指挥员具有战略思维多少有些“拔高嫌疑”，那么对于战略指挥员，具有战略思维无疑应是题中应有之意。从某种意义上说，战争外在呈现为敌对双方作战力量在战场上的厮杀和搏斗，内在呈现为两军战略指挥员战略思维的对抗与较量。战略思维，是指战略指挥员要以全局的视野和长远的眼光，客观辩证地把握战争的总体特点、战局的总体态势和发展方向。战略思维直接决定战略指挥的逻辑起点和高度，也是生成战略指挥能力的基本要求。战略思维领先于人，才能在战略指挥能力上占上风，战略指挥才能掌握主动权；相反，不具备战略思维，战略指挥员与统帅部就无法同频共振，正确理解统帅部作战企图；不具备战略思维，战略指挥员就难以谋划全局、营造全局、控制全局、稳定全局；不具备战略思维，战略指挥员就会“只见树木、不见森林”。

前瞻思维。一言以蔽之，前瞻思维就是指预见力和洞察力，而“预见性或称洞察力，是统帅最重要的才能之一”[1]。虽然谁也无法否认战争的复杂性，但战争确实是有规律可循的，我们绝对不能因为战争的复杂性和战争的“迷雾”，而停止对战争规律和战争指导规律的探寻。相反，从某种意义上说，千百年来无数军事家对以往战争实践经验教训的梳理总结，对战争本质的经典论述，都是为了更好地预测和前瞻下一场战争。所谓前瞻思维，并非要求战略指挥员能够预测交战的细节，而是指战略指挥员能够基于客观的战场态势，依据战争规律，预测交战的主要内容和发展线索。自古以来，凡是卓越的战略指挥员均具有高度的前瞻思维。1938 年 5 月，毛泽

1　《什捷缅科大将战争回忆录》，解放军出版社，2003 年，第 757 页。

东在深度分析中国革命战争的特点的基础上，得出《论持久战》的战略指导，就是运用前瞻思维的典范。当然，由于战争的偶然性，具有前瞻思维并非一定能够准确预见（或者预测虽准确，但现实不一定呈现），但缺乏前瞻思维，势必增大战略指挥悲剧发生的可能。

关联思维。随着武器装备射程和机动范围的不断扩大，以及作战空间的多维性和广阔性不断增强，战略统帅立于最高点一览无余整个战场实施作战指挥的时代已经一去不复返了。基于各个方向、各个战场、各个要素、各个时节上报的战场情况，进行综合分析、得出判断结论、定下战略决心、实施战略调控成为战略指挥员实施战略指挥的主要方式。即由于战略指挥员不可能亲临战场的第一线，也不可能同时触摸战场的各个角落，这就要求战略指挥员需要能够通过对各种战场情况的分析比对，在脑海中构设、生成一幅完整的战略场景。所谓关联思维，就是指战略指挥员要善于从碎片化的战役战术行动中提炼出其内在联系和发展脉络，从而获取对战略全局的正确认识，或从中推导出更深层的结论。从一定意义上说，战略指挥的过程，就是战略指挥员对各个战役战术行动进行关联互动的过程。

创新思维。虽然战争有其内在规律可循，但在作战主体、作战手段、作战环境、时空条件等诸多客观因素的共同作用下，战争规律导演的战争的确“异彩缤纷”，呈现极大的个性差异。翻开整个人类战争史，可以十分肯定地讲，史上没有两场完全相同的战争；预测未来战争之长河，也可以十分肯定地讲，未来的每一场战争也必将是充满创新的话剧。充满创新的战争实践呼唤具备创新思维的战略指挥员。曾任苏军总参谋长的什捷缅科大将在其战争回忆录中也明确指出，军事工作需要创造性思维和高度发达的智力。所谓创新思维，就是战略指挥员不要拘泥于以往的战争实践，不要死守“条条框框”，要从取得实际作战效果出发，敢于打开新思路、开拓新领域、制定新战法、采取新举措，达到“以奇制胜”之目的。

二、战略指挥能力构成的“品格基因”

不同的职业、不同的岗位需要不同的人格品质。虽然构成能力的人格品质具有很多共性“基因”，但战略指挥员岗位和工作的特殊性，使得看似“平常”与“共性”的品格更显与众不同的“不平常”与“个性”。

忠诚。简单地讲，忠诚是指战略指挥员对党、国家和人民要真心诚意，绝无二心。不同职业、不同的岗位、不同的级别，忠诚的意义不同，作用和价值也相差甚大。由于战略指挥员处于作战指挥的最顶层，对统帅部的作战企图理解最深刻，对作战全局的了解最全面，对所属军事力量拥有最高的作战指挥权，对作战资源拥有最大的调配权，这就决定战略指挥员的忠诚品质显得极其重要。忠诚是战略指挥能力的底线，没有忠诚这一品质托底，战略指挥能力就是零甚至负数；没有绝对的忠诚，战略指挥能力越强，对战局发展以及党、国家和人民的危害可能就越大。第五次反“围剿”失败后，时任湘鄂赣军区总指挥的孔荷宠投靠蒋介石，直接造成沙洲坝遭到连续轰炸，使我党和红军遭受极大损失。相反，在淮海战役发起的关键阶段，何基沣、张克侠坚守对党和人民的忠诚，率第三绥精区进行贾汪起义，直接为我华东野战军打开了进军的战略缺口，对围歼黄百韬兵团甚至激活整个淮海战局具有战略支撑作用。这一反一正的强烈对比，足以说明忠诚对于战略指挥的重要性。

沉着。沉着就是指战略指挥员要处变不惊、处险不慌、处惊不乱，始终能够保持头脑冷静，确保思维方式和指挥活动的正确有序。

但这一品质绝非像文字叙述一样轻松，其要求之高、难度之大，可能也只有真正参加和亲身经历过战争的指挥员方可体会。什捷缅科在其战争回忆录中，曾明确说："在这种情况下，并不是任何人都能正常地思考，何况要做出决策。换一个人就会害怕，一心只想躲避风险，因此也就不可能有所作为，有些人遇到这种情况就会失去自制能力。"[1]的确如此，冷静与沉着是确保正常思维和实施战略指挥的前提和基础。很难想象，一个充满畏惧、情绪失控的指挥员如何能够正常思考？一个不能正常思考的指挥员如何能够正确定下作战决心？当然，任何一个人初次面对可能带来死亡的战争都会害怕，但问题的关键是能否以及多久能够消除这种害怕？战略指挥员必须能够快速消除这种可能带来灾难性危害的"害怕情绪"，因为导控战争恰恰需要在危险时刻头脑更敏锐、思维更合理的指挥员。

坚韧。战略指挥员不是简单的一个岗位、一个官衔，而是身负几十万甚至上百万官兵的生死，他要对所扼守或夺取的某个战场负责；战略指挥工作看似一种无上的荣光，其实却是一份最重的责任，事关作战全局和国家命运。因此，战略指挥机构不是享乐的天堂，而是满负运转的机器。战略指挥的工作量之大、时间之长、时效之强、任务之重、要求之高、压力之大，并非普通人能够完全想象和承负。在苏德卫国战争期间，总参谋长、作战部长至少需要每天工作 17 至 18 个小时，每昼夜需要向最高统帅斯大林报告三次，最后一次汇报通常会持续到清晨 3 至 4 点，而且即使出一点微小的差错也会受到严厉的处分。在指挥淮海战役过程中，粟裕整整七天没有合眼，当他听到胜利的消息时，紧绷的神经一下就松了下来，并且马上就昏睡了过去，整整睡了三天三夜，三天过去整个人瘦了一大圈（虽然

1 《什捷缅科大将战争回忆录》，解放军出版社，2003 年，第 745、746 页。

是战役，但同样可以说明战略指挥的工作强度）。不用再举更多的例子了，战略指挥员在实施战略指挥过程中必将劳其筋骨、饿其体肤、空乏其身，没有顽强的坚韧品质，是无法胜任战略指挥工作的。

德望。简单地说，所谓德望是指战略指挥员要有高尚的德行与声望，能够受到战略指挥机构其他人员和下级指挥员的尊重、拥护与爱戴。战争尤其是现代战争的复杂性，导致战略指挥活动的专业性、精细性更高。无论战略指挥员的个体素质再高、能力再强，也不可能只靠他一个人指挥作战。因为战略指挥不再是统帅的个人指挥，而是以战略指挥员为核心的整个战略指挥机构的整体作业。因此，战略指挥员需要一个精心选拔、训练有素而又积极主动参与战略指挥活动的智囊集体。也许工作制度和下级服从上级这类“刚性绳索”确实能够机械地将相关人员绑定在一起，但战略指挥员的“德望”显然才是真正调动战略指挥机构其他人员工作积极性、主动性、创造性的动力之源，并为战略指挥能力的生成增添了一种无形的融合剂。

三、战略指挥能力构成的“素养基因”

素养对于战略指挥能力的生成具有基础性作用，没有素养做铺垫、打基础，思维方式和人格品质也很难提升，战略指挥能力的生成也就更加无从谈起了。一句话，提升战略指挥能力，必须夯实战略指挥员的各项素养。

高度的政治素养。军事服从政治，军略服从政略。有些军事行动，可能明明知道打不赢，但为了政治需要也必须打；而有些军事行动，可能能打赢，同样为了政治需要可能不能打。较之战役战术行动及其指挥活动，独特的战略地位和高度，决定战略指挥员的战略指挥工作可能直接服从和服务于政治目的，其政治性要求会更突出、更直接。这就要求战略指挥员在条件允许时，要经常与军队的最高统帅、国家的最高统帅、党的最高统帅（当然，这三个统帅可能会统一）保持互动，确保战前能够准确理解政治统帅的政治企图和作战目的，战中动态关注和把握国际局势、国家安全形势的发展变化及对己方政治战略的影响，并且能够根据政治战略适时调整军事行动指导战略，不仅确保“打不打、打多久、和谁打、打到什么程度”等完全听从政治号令，而且确保“打哪里、怎么打”等具体的战略指挥工作也要始终紧扣政治需要这一根本基点。

渊博的军事素养。军事素养是催生战略指挥能力最直接、最重要的因素，也是战略指挥员必备的核心素养。对于战略指挥员，军事素养的重要性就像文化知识于教师、科学技术于科学家、医学知识于医生一样，没有军事素养或军事素养不过硬，战略指挥员就像无水之源、无本之木，根本就谈不上战略指挥能力，就更别提及时有效地判断战略情况、做出战略决策、实施战略指挥控制了。的确，在实施战略指挥过程中，战略指挥机构参谋人员可以辅助战略指挥员决策，但战略指挥参谋仅仅是“外脑”，不能代替指挥员决策。并且，战略指挥员在指挥过程中也绝对不是、也绝对不能仅仅扮演“拍板”的角色，而是应该全程参与情况研判、定下决心与制定作战方案的过程。另外，虽然参谋人员是战略指挥员的“左膀右臂”与“外脑”，但并不意味着战略指挥员不需要建立自己的军事知识“数据库”，就像什捷缅科所说的“统帅不必问航空兵起飞和飞临纵队上空需要多少时间，他对这一点清楚的。他也不会询问炮兵，火炮是否能打到该纵队，如果能打到，那么在哪个地区拦击，这是他理应知道的”。简而言之，与普通参谋人员和下级作战指挥员相比，战略指挥员应该具备更加丰富的军事理论、更加扎实的各军兵种知识，应该对战争的本质和制胜机理有更加深刻的认识和理解，应该对敌我情况有更加全面准确的掌握和了解。

深厚的历史素养。今天是历史的继续，历史是今天的历史；明天是今天的继续，今天又是明天的历史。历史是人类实践活动的集合与缩影，历史中深埋着大国盛衰交替的脉络，也隐藏着战争胜负成败的规律。研究历史，可以更加清楚地看清现在，看清现在在整个人类历史中所处的坐标与方位。不了解历史，不深入探寻重大历史事件，尤其是历史中的经典战例，就不能吸收以往的战争经验与教训，就不能准确感受和把握战争规律跳动的线索与脉搏。虽然近几年几场局部战争颠覆了人们对于战争的传统认知，虽然即将到来的智能化战争可能又会颠覆现在的认知，但即便如此，所有的军事理论家也不得不承认，现在或未来的任何一场战争均可以或多或少地在以往的战争史中找到“似曾相识”的映射。在实施战略指挥过程中，虽然一定要避免将以往战争的经验作为“死板硬套”的法则与铁规，但吸取反复被战争史所证明的血的教训，无疑可以减少战略指挥重蹈灾难“泥潭”的可能。

敏锐的科技素养。人类社会发展史和科学技术演进史反复证明，每次科学技术的革新均会使战争发生革命性的变革。冷兵器战争时代，核心科技是冶炼技术的进步与成熟，“短兵相接”成为战争对抗的主要形式；热兵器战争时代，核心科技是火药技术成熟可控，“热能杀伤”成为战争对抗的主要形式；机械化战争时代，核心科技是蒸汽机与发动机的发明，集“机动力、突击力、防护力”于一体的“作战平台对抗”成为战争对抗的主要形式；信息化战争时代，核心科技是计算机技术的发展，基于网络信息体系的“作战体系对抗”成为战争对抗的主要形式；即将到来的智能化战争时代，核心科技是人工智能的可控应用，“无人作战平台的对抗”成为战争对抗的主要形式。概而言之，时代所蕴含的科技因素不同，战争的制胜机理也必然不同；深而言之，不能准确感知科学技术对战争形态、作战样式的影响，也就抓不住主导战争胜负的“牛鼻子”。因此，作为执战争准备之“龙头”、控战略行动之“阀门”的战略指挥员，只有站在时代的高度和新军事变革浪潮的最前沿，准确感知不同时代主导战争胜败的关键性科技因素，生成的战略指挥能力才会赢得时代优势。

谋战制胜篇

未战而先求胜。处于新一轮军事革命席卷而来但我军还未真正打过一场信息化战争的两难境地，处于一体化联合作战仍是当今世界基本作战形式的时代坐标，面对层出不穷的美军前沿作战理论，究竟应该如何推动我军作战指挥理论发展？怎么才能实现事关联合作战效益的整体联动？怎么才能在现代战争信息对抗中获取主动？

美军联合作战指挥体制的前世今生

众所周知，联合作战是现代战争的基本作战形式，美军是现代意义上联合作战的先行者。研究美军联合作战关键是研究美军联合作战指挥，而研究美军联合作战指挥首要是研究其指挥体制。概而观之，近年来关于美军联合作战的出版物的译本和学术研究层出不穷，对美军联合作战指挥体制的研究成果颇多；细而研之，对美军联合作战指挥体制的研究停留在“是什么”的多，深挖“演进过程、本质特点、深层逻辑”的少。显然，深入研究这些本源性问题，才是真正抓住问题的本质与关键，才能更好地推动我军联合作战指挥体制的建设与完善。

一、美军联合作战指挥体制的演进历程

纵观美军联合作战指挥体制的演进历程，完全符合事物发展的一般规律，经历了“无意尝试—形成雏形—完善架构—顺畅运转”四个阶段。

早期阶段：无意尝试。这一阶段是指自美国独立战争至1942年，主要标志是成立陆海军委员会、参联会和战区联合司令部。1781年，美国陆军与法国陆军、海军联手击败英军，首次开启美军联合作战

的先河。借鉴这一战争实践，1903 年美军成立陆海军委员会，但由于没有法律授权，只是扮演了咨询机构，没有实质性的作战指挥权。1942 年，先后成立参联会和战区联合司令部，二战中成功组织实施一系列联合作战行动。但以现在的眼光审视，这一阶段很多的“联合作战实践”并非真正意义上的联合作战，联合作战指挥机构的成立很大程度上也是没有法律授权的临时构建，缺乏持久性和权威性，在全军范围内没有形成统一的联合指挥机构。

创立阶段：形成雏形。这一阶段是指自 1947 至 1953 年，主要标志是创立国防部和设置参谋长联席会主席。借鉴二战中作战指挥的经验教训，在充分认识统一指挥重要性的基础上，1947 年，美国颁布《国家安全法》，撤销陆海军联合委员会，成立国家军事部，统管和主导美军所有作战和军队建设。1949 年，美国颁布《国家安全法（修正案）》，将国家军事部改名为国防部，并规定国防部长为政府内阁成员和国家安全委员会成员，军种部降级为国防部下属机构，设立参谋长联席会主席。这一阶段以法案的形式，明确了国防部和国防部长对全军实施统一指挥领导的职权地位，形成了国防领导体制的雏形，但军令政令没有分离。

拓展阶段：完善架构。这一阶段是指自 1953 年至 1986 年，主要标志是有意强化国防部长和参谋长联席会主席的职权，明确战区总部司令的联合指挥权，形式上取消了军种的作战指挥权。1953 年，颁布《第 6 号国会改组计划》，扩大了国防部长办公厅规模。1958 年，颁布《国防部改组法》，规定取消各军种的作战指挥权，让各军种主要负责军队行政管理和建设，明确战区联合司令部拥有军事行动联合指挥权。但由于军种利益之争的体制没有破除，各军种仍然拥兵自重，在预算和作战指挥上具有很大的话语权，军种并没有真正退出作战指挥链；相比而言，国防部长和战区司令官的权威性和联合作战指挥权受到很大挑战。即这一阶段虽然从法案上搭建了相对完善的联合作战指挥体制，有意进行军政军令分离，但由于联合作战指挥体制刚刚建立，相关配套制度不够完善，军令政令分离很大程度上有名无实，联合作战指挥体制的效能受到很大掣肘。

成熟阶段：顺畅运转。这一阶段是指 1986 年至今，主要标志是具体明确参谋长联席会议主席职权，强化了战区总部司令的实际作战指挥权，将现行联合作战指挥体制定型。在深度反思和总结越南战争经验教训之后，1986 年，美颁布《戈德华特—尼科尔斯国防部改组法》，具体明确了总统、国防部长通过参谋长联席会主席至战区总部司令的联合作战指挥体制，但参谋长联席会主席主要扮演的是总统和国防部长的首席军事顾问，并不在作战指挥链上。这一阶段，尤其是经过海湾战争、阿富汗战争、伊拉克战争等重大联合军事行动实践，各军种完全退出了作战指挥链，美军联合作战指挥过程中的“不和谐”因素得到逐步解决，联合作战指挥体制得到充分磨合，作战指挥关系更加明确，联合作战指挥机构和机制运转更加顺畅高效。

二、美军现行联合作战指挥体制的本质特点

弄清事物的架构，并不意味真正了解了事物的本质，因为架构本身不会产生功能，产生功能的是架构之间的作用关系。同样，研究和学习借鉴美军联合作战指挥体制，不仅要看清其基本架构，更要把握其架构的运行机制和结构重心。

文官战略决策，武官作战指挥。在“总统—国防部长—参谋长联席会主席—战区总部司令”这一联合作战指挥体制中，参谋长联席会主席、战区总部司令为现役军官，总统与国防部长均不是现役

军人（国防部长为文职官员）。战争机器是否启动运行，通常由总统根据联合作战指挥体制之外的另一机构——国家安全委员会（固定成员有：总统、副总统、国务卿、财政部长、国防部长及总统国家安全事务助理等）提出的综合咨询建议决定。作为武装部队总司令，总统和其他文职官员负责决策“打不打、和谁打、何时打”。但一旦战略目标确定后，战争机器应该如何运行，主要由国防部长通过参谋长联席会主席，依托各战区总部司令实施具体指挥，即作战筹划和指挥控制等“怎么打”的问题由现役军人负责。

一条指挥链路，两种指挥重心。总的来看，“总统—国防部长—参谋长联席会主席—战区总部司令”是美军联合作战指挥体制的基本架构（目前，美军由 11 大联合作战司令部构成，包括 6 个战区司令部和 5 个职能司令部，即印太司令部、欧洲司令部、北方司令部、南方司令部、中央司令部、非洲司令部，以及特种作战司令部、战略司令部、运输司令部、网络空间司令部、太空司令部）。指挥体制决定指挥链路，通常在实施联合作战行动过程中，联合作战指挥信息也是按照这一链路流通与运转。但根据不同的战争规模，其联合作战指挥体制的重心又可区分为两种情况：一是当发生全球性大规模战争或核战争时，指挥重心在总统、国防部长及其所领导的参谋长联席会议。二是当发生局部区域性战争或小规模的军事冲突时，总统做出“打不打”和“何时打”等重大战略决策后，指挥重心下移至各战区司令或联合任务部队指挥机构。

四层指挥架构，三级指挥实体。如前所述，在“总统—国防部长—参谋长联席会主席—战区总部司令”联合作战指挥体制中，参谋长联席会主席的主要职责是领导参联会拟定美军的全军战略、动员和后勤保障计划；指导协调联合作战；向总统和国防部长提出联合作战行动建议；向各战区司令部传达总统和国防部长的命令，并监督执行。参谋长联席会扮演的“角色”是总统和国防部长的军事参谋机构，从根本上来说，并不在作战指挥链上，不具有作战指挥权。从表面上看，美军联合作战指挥体制看似四层指挥架构，但实际运行过程中，参谋长联席会主席不能自主生成“命令”“指示”，也不能“创造性”地对各战区实施指挥。换句话讲，参谋长联席会主席并不是作战指挥流的必要环节，情况紧急或国防部长具备足够的指挥能力，完全可以跨过参谋长联席会主席直接实施指挥。即真正的指挥实体是“总统—国防部长—战区总部司令”。

三、主导美军现行联合作战指挥体制的深层逻辑

再好的作战指挥体制也有其一定的生命周期，所以研究其内在逻辑的意义远比研究指挥体制本身要大得多。同样，研究美军联合作战指挥体制，最根本的是要深度分析其形成、发展的内在逻辑链条，认清主导其逻辑链条发展的关键矛盾。

实施联合作战的首要是统一指挥职权。任何一次军队编制体制和作战指挥体制的调整优化都不是指挥员的主观臆想，而是战争实践活动的倒逼。指挥活动导控作战行动，从一定意义上说，作战指挥过程的实质是指挥员运用指挥职权领导作战力量遂行作战行动的过程。作战行动能否实现整体联动，关键在于指挥员的作战意图是否统一、指挥职权是否统一。无数次军事行动的经验与教训，使美军深刻认识到“令出多门必然引起指挥混乱，指挥混乱必然导致行动失败”。美军认为“联合作战就是整体作战”，尤其是现代意义上的联合作战，参战力量多元、战场空间多维、作战节奏加快，要想取得作战力量的整合、作战行动的联合、作战效能的聚合，必须“按照一个谱子弹钢琴”，必须加强对联合作战行动的统一指挥。

因此，2011 年 8 月，美军发布的《联合作战纲要》中，仍然坚持将统一指挥作为联合作战原则之一。

统一指挥职权的关键是逼出军种利益。虽然 1958 年美国《国防部改组法》已明确规定取消各军种的作战指挥权，但长期以来各个军种却迟迟滞留作战指挥链，其根本原因在于作战指挥链与军种利益链互相交织。一方面，由于怀有“军种情结”，若军种部长在作战指挥链上，势必产生做强、做大本军种的“私心杂念”；另一方面，各个军种争权夺利的“私心杂念”一旦进入作战指挥链，必然导致联合作战指挥权的分散与失衡。总之，沾有利益的“奶酪”才是弱化指挥职权统一的根源。因此，统一指挥职权的关键是迫使各个军种退出作战指挥链，而迫使各个军种退出作战指挥链的关键是使作战指挥与军队建设和行政管理彻底划清界限，实现军政军令分离，营造一个“风清气正”的作战指挥环境，使作战指挥链专司主营作战指挥。

逼出军种利益的核心是实施文官建军。从某种意义上说，法规制度只是形式上的规范，能否真正产生实效关键在于执行制度的人。从作战指挥链的外部看，虽然法规明确各个军种不直接参与作战指挥，但在作战指挥过程中，为确保沟通协调顺畅，各个战区司令部却始终与各个军种之间保持高度的互动，“军种影响”难免会或多或少地间接渗透到作战指挥链。从作战指挥链的内部看，如果国防部长由某一军种军官担任，必然会对某一军种“偏袒”。因此，为尽量减少军种因素的影响，《美国法典》规定，武装力量中正规部队的授衔军官退出现役不满七年者不得被任命为国防部长，武装力量中正规部队的授衔军官退出现役不满五年者不得被任命为各军种部长，即国防部长和各军种部长均是文官。

如何正确审视美军前沿作战理论

理论是行动的先导，我们必须清醒地认识到，如何审视和对待美军前沿作战理论不是“儿戏”，事关军队建设的方向，事关军事斗争准备的全局。因此，对于美军的任何一种前沿作战理论，我们应该以一种更加成熟的姿态和理性的思维进行深度剖析、客观审视、批判借鉴。

一、客观认识前沿作战理论的产生动因

理论来源于实践，理论的生命力来源于实践的呼唤力。任何一种作战理论都不会凭空产生，都有其孕育和“破土”的时代滋养和动因助推。纵观美军前沿作战理论的提出过程，无不渗透和镌刻着科学技术、军种需求和安全威胁的时代烙印。

科学技术的催生。科学技术的发展是作战理论创新的动力之源，没有科学技术的发展和变革，激发不出创新作战理论的“冲动”与“灵感”。比如，精确制导技术在武器装备中的应用，为“战略瘫痪”提供了可能，催生了20世纪80年代末的“五环作战理论”；传感器技术和计算机网络技术的发展，催生了90年代末的“网络中心战”；随着美军侦察情报、指挥控制、精确打击等技术能力的日渐

成熟及非对称优势的扩大，美军才有底气推出“震慑战”“基于效果作战”“快速决定性作战”等意在灵活主导战局、控制战局、结束战局的系列理论“盛宴”；全球信息栅格技术控制和管理的成熟，催生了2012年的“全球一体化作战”理论。简而言之，有什么样的科学技术，就有什么样的作战样式和战争形态，就需要什么样的作战理论。

军队建设的需要。军队建设和作战实践呼唤作战理论的创新。这主要体现在两个方面：从正面来看，当旧的作战理论不能适应军队建设和作战的客观需要时，旧的作战理论就会阻碍军队建设的发展和作战能力的生成与释放。因此，无论是在整个军队建设层面，还是军种层面，此时能够破解现实矛盾问题、能够松绑军队建设发展、能够解放战斗力生成与释放的新的前沿作战理论便自然应运而生。例如，网络中心战的提出正是着眼解决各军种信息化建设之间“烟囱林立”问题，以及统一各军种信息化建设的标准。从负面来看，有些前沿作战理论尤其是军种作战理论（如美空军提出的全球警戒、全球到达、全球力量、全球机动、全球打击、全球持续攻击理论）的提出，多少夹杂着发展本军种、为本军种争取国防经费的“私心”与“动机”。

安全威胁的变化。安全威胁决定使命任务，使命任务牵引作战理论发展。总体来看，美国“所感知”的安全威胁变化是美军作战理论滚动前进的逻辑起点。比如，冷战时期，为破解苏联的大纵深作战理论，1982年美国陆军提出空地一体战；为应对其所谓的“区域拒止和反介入”威胁，2010年美国国防规划与投资战略重要智库战略与预算评估中心提出“空海一体战”；针对国防预算“自动减支”，大规模毁伤性武器扩散、现代新兴国家的崛起、暴力极端主义、地区局势动荡、跨国犯罪等传统安全威胁以及大国战略竞争、太空与网络空间争夺急剧、致命杀伤性武器获取的低门槛等新安全威胁的交织同步存在，2012 年美军参联会颁布《联合作战顶层概念：联合部队 2020》，首次推出全球一体化作战思想。

二、深度理解前沿作战理论的内核实质

面对美军如此众多的前沿作战理论，我们应该从其定位归属、核心思想及其之间的相互关系等方面，研深析透其内核实质。

定位单个前沿作战理论的层次归属。不同的层次归属决定不同的地位作用。根据颁布主体不同或指导对象的范围不同，可将美军前沿作战理论划分为战争本源理论、指导所有军种建设或联合作战理论、指导单个军种作战或单个军种建设理论。自 20 世纪 90 年代以来，美军提出的前沿战争本源理论有：文明冲突论[1]、人道主义战争论[2]、第四次世界大战论[3]。这些战争本源理论一方面为我们正确认识战争提供了一种新的维度和视角，另一方面也对美国发动战争提供了一种“冠冕堂皇”的说辞与借口。指导美军全面建设和联合作战的前沿作战理论有：非对称作战[4]、非接触作战[5]、震慑理论[6]、网

1 1993 年，美国政治学家塞缪尔 · 亨廷顿在《外交》季刊发表《文明的冲突？》中首次提出，1996 年在《文明的冲突与世界秩序的重建》中系统阐述。

2 1997 年，克林顿提交总统《国家安全报告》，首次明确提出“人道主义利益”的范畴；1997 年 11 月美国推出的新军事战略“营造—反应—准备”，确立“人道主义”概念的地位；1999 年 6 月，克林顿在马其顿的演说标志着人道主义战争原则的形成。

3 “9 · 11”之后，美国新保守主义人士军事战略教授埃利奥特 · 科恩提出。

4 1991 年，美军发布的《美国武装部队的联合作战》中提出。

5 1993 年，美国战略与国际问题研究中心提出。

6 1996 年，哈伦 · 厄尔曼和小詹姆斯 · 韦德在《震慑：获得快速主宰》中提出。

络中心战[1]、快速决定性作战[2]、空间作战[3]、空海一体化[4]、全球一体化作战[5]、多域作战[6]、全域战[7]等。这些作战理论是对战争制胜机理的认识，以及如何打赢未来战争的具体设计，对统筹规划和牵引美军各军种建设、提升美军联合作战能力具有重大作用。军种层面的前沿作战理论有：美陆军“拱顶石”、战役机动、战术机动、陆战网、分布式作战等作战理论（概念）；美空军全球警戒、全球到达、全球力量、国土安全、全球机动、核反应、全球打击、全球持续攻击等作战理论（概念）；美海军远征机动作战“拱顶石”概念、由海向陆机动作战、陆战队空地特遣部队岸上持续作战等作战理论（概念）。这些作战理论（概念）无疑为各军种建设具有宏观牵引和具体指导作用。

挖掘单个前沿作战理论的核心思想。核心思想是作战理论的灵魂，浓缩着作战理论的精华，审视、评价美军前沿作战理论的关键性前提是切实研透其本质内核。由于美军前沿作战理论确实太多，我们仅对部分典型作战理论的核心思想予以阐述。美军网络中心战的核心思想是通过网络信息共享，形成态势感知，自主同步协调，

1　1997 年，美国海军学院院长阿瑟·塞布罗斯基提出。

2　1999 年，美军联合部队司令部发布的《快速决定性作战》白皮书中提出。

3　2002 年，美参联会在《联合空间作战纲要》中提出。

4　2010 年，美国国防规划与投资战略重要智库——战略与预算评估中心提出。

5　2012 年，美军参联会颁布《联合作战顶层概念：联合部队 2020》中首次提出。

6　2016 年，概念首次发布，但得到美国国防部高层、各军种、作战司令部的认可；2017 年，美陆军训练与条令司令部发布《多域战：面向 21 世纪的合成兵种进化（2025—2040）》概念文件，标志着形成较为完整的理论脉络。

7　2020 年，由美参联会副主席约翰·海顿提出，之后发布《国防能力：联合全域指挥与控制》报告。

对敌实施快速、精确、连续打击[1]。基于效果作战的核心思想是强调战争的终极目的并不是摧毁敌人的有生力量，而是强制实现对自己有利的政治结局，强调最有效的用兵办法是运用兵力控制对手的行动能力而不是摧毁对手的行动能力。全球一体化作战的核心思想是综合运用美国及其“利益攸关方”的军事与非军事力量，通过全球机动完成力量快速整合，形成“跨领域、跨层级、跨战区、跨机构”的一体化作战能力，充分发挥美军独特优势，有效控制或迅速击败对手。[2]

分析不同前沿作战理论的相互关系。研究美军前沿作战理论，如果只沉浸在单个作战理论的细枝末节中，不能看清与其他作战理论的相互关系，就是只见树木不见森林，就无法真正了解作战理论的地位和作用，也就更别提对作战理论灵活和深化运用了。对于不同的前沿作战理论，应主要分析它们相互之间在时间上的先后关系、在逻辑上的因果关系、在内容的包含关系、在结构上的纵向或横向关系、在核心思想上的共性和个性关系、在优势和劣势上的互补关系等。比如，战争本源理论为联合作战理论设计的作战对象提供一种合理的“说辞”和“借口”，联合作战理论为战争本源理论提供实践运动的佐证；联合作战理论牵引各军种建设理论，军种建设理论支撑联合作战理论等。另外，不同的联合作战理论之间可能是时间先后关系，也可能是不同军种在同一时间段内从不同的维度提出的不同观点和认识，这些理论之间可能有相同的共性，也可能有互补的特色。例如，五环作战理论、震慑战、基于效果作战、快速决定性作战的共性特点均是追求快速达成战略目的，其核心思想具有

1　国防大学联合作战学院张光才教授的《美军网络中心战》讲课提纲。

2　国防大学联合作战学院王俊义教授的《美军全球一体化作战思想研究》讲课提纲。

一致性；多域作战是空地一体战、空海一体战的进一步发展深化。

三、辩证审视前沿作战理论的时代价值

对待美军前沿作战理论既不能拱顶膜拜，也不能置若罔闻，而应以一种客观辩证的视角，学习借鉴和吸收融合其核心思想，客观审视制约其理论功效发挥的现实瓶颈及其本身附带的负面作用，以不断滋养和完善我军作战理论的发展。

力研内化前沿作战理论的制胜优势。任何一种前沿作战理论都有其替代旧的作战理论的先进性和优势，否则这种作战理论便不会产生。但一般来说，前沿作战理论的内核思想和时代优势不会自动显现，需要研究者把作战理论的核心思想置于战争实践中去感悟和挖掘。研究学习美军前沿作战理论，刚开始可能会关注于某一作战理论的特定概念和内容，但随着研究的深入，便要走出区分概念的“纠结”。比如，网络中心战方兴乍起时，“信息共享”“态势感知”“自主协调”等概念显得异常“时髦”与“新颖”，但随着这些理念融入美军条令、融入战争实践，现在我们似乎不再过多地考证这些概念出自何处，甚至连“网络中心战”也很少提了。

客观审视前沿作战理论的负效与瓶颈。任何事物自从其产生起，其自身便带有两面性。同样，美军的任何一种前沿作战理论也并非完美无瑕，也有其内在的不足或现实“乏力感”。其一，一个时代需要一个时代的理论，每种前沿作战理论都有其符合时代特点的合理性与优势，但随着时间的推移其价值也必然缩水。其二，一种前沿作战理论在带来某一优势的同时，可能会造成另一优势的丧失。比如，网络中心战、全球一体化作战均强调信息共享、态势感知，不得不承认这确实提高了战场的透明度和指挥决策的科学性，但同

时也易造成作战指挥决策权的“上移”。战略、战役指挥员可能会干预单个作战平台的决策与行动，从而造成战略、战役指挥机构的“指挥决策任务堵塞”，下级指挥员“指挥决策能力”的脑缩，最终造成指挥决策的延时。其三，也许某一前沿作战理论确实足够“先进”，但受制于客观条件的限制，无法完全走进实践。比如，1996年提出的震慑战理论，其实就是某种程度上的“不战而屈人之兵”，可以说是最理想的作战理论，但现实情况是对于很多作战对手尤其是大国，美军已深感其不再具备“震慑”的实力。从某种程度上说，我们研究美军前沿作战理论的根本目的就是找出其“短板”和“瓶颈”，以便形成我们自己的“克敌之策”。

正确认识新旧作战理论的迭代存在。“为什么美军一直在推出新的作战概念和作战理论？”“各个作战理论之间是什么关系？”很多美军前沿作战理论的研究者可能都会有这种疑问。其实，从作战理论产生的纵向角度来看，随着安全威胁的变化，战争样式必然变化，这便需要新的作战理论；随着战争实践的发展，军队建设不再适应战争实践的需要，这便需要新的指导军队建设的理论。但安全威胁、战争变化、军队建设是一个连续的过程，需要新旧理论的迭代指导和逐步交接。从作战理论产生的横向角度来看，美军一直提倡和鼓励作战概念和作战理论创新，无论是出于对美军军队建设和作战能力整体提升的目的，还是出于各自军种的利益，在同一时代不同作战理论之间的“百花齐放”“百家争鸣”，也是非常正常的现象。

总体把握前沿作战理论的叠加功效。纵观美军前沿作战理论的演变发展过程，其实质就是对如何实施联合作战在不同时代的认识深化过程。总体来看，经过几代前沿作战理论功效的累积，在对战争本质和如何制胜战争的认识上，美军在作战理念和作战指导上取得的主要成果是：改变传统以集中兵力为主为以集中效果为主，改变传统空间上的兵力集中为时间上的兵力集中，改变传统作战空间、作战逻辑上的顺序作战为不同空间、不同层级上的并行作战，改变传统以作战平台为中心释放作战效能为以作战网络为中心释放作战效能，改变传统以歼灭敌人有生力量为主的歼灭战、消耗战为以快速达成作战目的为主的速决战，最终推动联合作战不仅实现作战力量在不同作战域上的“硬联合”，而且实现侦察情报、指挥控制、火力打击、政治工作、综合保障等作战要素上的“软联合”，通过内部的“软联合”和外部的“硬联合”，实现作战效果的整体聚合。

如何推动我军作战指挥理论创新发展

作战指挥理论指导作战指挥活动，作战指挥活动导控具体作战行动。从一定意义上说，有什么样的作战指挥理论，就有什么样的作战指挥活动；有什么样的作战指挥活动，就会演绎什么样的作战行动与战争结局。作战指挥理论创新发展不是单纯的军事理论问题，而是事关军队战斗力生成与提升的关键性因素。因此，深度思考与回答“当前我军作战指挥理论创新发展存在哪些问题？推动我军作战指挥理论创新发展需要考虑哪些因素？新时代究竟如何推动我军作战指挥理论创新发展？”，不仅是作战指挥理论研究自身需要回答的本源性问题，也是开展其他军事理论研究的逻辑起点；不仅决定着军事理论研究的历史航向，而且事关我军军事斗争准备的重心与效益，具有重大理论意义与现实实践价值。

一、客观分析当前我军作战指挥理论创新发展存在的问题

客观准确地查找与剖析现实问题是开展作战指挥理论研究的前提。自 20 世纪 80 年代以来，我军作战指挥理论体系逐步形成并日臻完善，作战指挥基础理论、应用理论、技术理论均取得了长足的发展。但客观地讲，还仍然存在一些制约作战指挥理论创新发展的

瓶颈与症结，对此我们必须清醒认知与正视。

研究重心受美军干扰影响大。“兵者，国之大事，死生之地，存亡之道。”作战指挥理论研究当然要瞄准高手，面向世界。而美军毫无疑问是当今世界最强大的军队，也是发动与参与战争最为频繁、作战与作战指挥理论推陈出新最为活跃的军队。研究学习美军作战与作战指挥理论本来无可厚非，但却过犹不及。纵观美军作战理论发展历程，新的作战概念不断刷新，1981 年提出“空地一体战”，1991 年提出“非对称交战”，1997 年提出“网络中心战”，1999 年提出“快速决定性作战”，2005 年提出“混合战争”，2006 年提出“空海一体战”，2010 年提出“网络空间作战”，2012 年提出“联合作战进入”，2015 年提出“分布式杀伤”，2016 年提出“多域战”，2020 年提出“全域战”……盘点多年来我军作战指挥理论尤其是作战指挥应用理论研究热潮，我军是否存在跟着美军跑的现象？反思多年来我军作战指挥理论研究历程，我军究竟研究提出了哪些标志性作战指挥理论或作战概念？这种现象是否应然？是否值得我们深思？当然，如此指出问题并非对先前作战指挥理论研究成果的否定，而纯粹是对作战指挥理论研究方法与思路的反思，是为了警醒作战指挥理论研究必须统一思想、形成主见、守稳重心，为了呼唤属于我们自己的作战指挥理论早日应运而生。

研究过程实践经验支撑不足。作战指挥活动是作战指挥理论产生的实践沃土。古往今来，但凡具有重大影响力的军事名著无不来源于战争实践的滋养，多数经久不衰旷世军事名著的作者也往往是具有丰富战争实践或作战指挥经验的沙场名将。春秋时期，东方兵圣孙武率吴败楚，著兵学圣典《孙子兵法》十三篇；拿破仑战争时期，西方兵圣克劳塞维茨参加四次著名战役，著战争哲学《战争论》；抗日战争时期，军事伟人毛泽东在领导与总结中国土地革命战争与抗日战争的实践中，著《中国革命战争的战略问题》《论持久战》等军事思想至今熠熠生辉的不朽名篇。因此，理论上说，作战指挥实践活动是萃取与滋养作战指挥理论不可缺少的必要条件，中高级部队作战指挥员应该是推动作战指挥理论创新发展的最佳主体。哲学层面上的理性认识，既可以来源于直接的感性认识，也可以来源于间接的感性认识。无论是直接的感性认识，还是间接的感性认识，作为指导作战指挥活动与作战行动的思想认知，都需要相应的实践经验支撑。

研究成果未能在实践中滚动发展。作战指挥理论的生命力源于作战指挥实践。任何一种作战指挥理论的发展与成熟都不是一蹴而就的，都需要在实践中不断丰富与完善。“作战指挥实践—产生作战指挥理论—作战指挥实践—完善作战指挥理论”是一个连续完整的承继式发展过程。但总揽我军作战指挥理论发展，却出现了两种畸形发展现象：一是为理论研究而理论研究，研究成果结题后便束之高阁，指挥理论研究成果自始至终没有进入实践应用；二是陷入“部分人提出新的作战指挥理论—实践中有人质疑或部分否定—其他人提出另一种新的作战指挥理论—实践中有人质疑或部分否定”的“死循环”，作战指挥理论的承继式发展过程被中止与打断。简而言之，作战指挥理论研究成果未能在作战指挥实践中检验完善与持续滚动发展。

二、理性认知推动我军作战指挥理论创新发展的考虑基点

任何事物都不是孤立的，都有与之紧密联系并影响其运动发展的主要因素。纵观世界各国作战指挥理论的发展历程，虽然烙印着不同时代、不同地域、不同文化的个性特征，但总体来看科学技术、

战争形态、敌我能力、指挥体制等因素相互影响、共同作用，成为推动作战指挥理论创新发展的主要动因。

顺应科技发展大势。科技进步史与人类社会发展史证明，每一次重大科技进步都在人类社会发展过程中刷下一层科技底色。同样，正如习主席指出："科学技术是军事发展中最活跃、最具革命性的因素，每一次重大科技进步和创新都会引起战争形态和作战方式的深刻变革。"[1] 作为最需创新精神的作战指挥领域，每一次重大科技进步也往往会引发作战指挥变革。抛开不同时代、不同军队的个性特征，从世界与历史的宏观视角来看，科学技术发展的方向与速度决定作战指挥理论的发展方向与速度。18 世纪末以蒸汽机发明和使用为代表的第一次科技革命，孕育催生了热兵器战争作战指挥理论；19 世纪末以内燃机与电力的发现和使用为代表的第二次科技革命，孕育催生了机械化战争作战指挥理论；第二次世界大战之后，尤其是近 40 年以来，以计算机等信息技术发明与使用为代表的第三次科技革命，孕育催生了信息化战争作战指挥理论。当今世界以多点突破、齐头并进、相互支撑、多元融合为特点的新一轮科技革命与产业革命相互交织、奔涌而来，必然推动作战指挥发生全方位、深层次变革，推动作战指挥理论发展迈向新高度、新阶段。科技进步的历史洪流滚滚向前，推动作战指挥理论创新发展必须把准脉搏，乘势而上，顺势而为。

着眼未来战争形态。有什么样的战争，就有什么样的作战指挥；打什么样的战争，就需要什么样的作战指挥。作战指挥理论归根结底是用来指引作战指挥活动，控制具体作战行动的思想武器，创新发展作战指挥理论的根本目的是适应未来战争作战指挥需求，夺取

1　《关于战争指导问题》，中国人民解放军总政治部编：《习近平关于国防和军队建设重要论述选编》，解放军出版社，2014 年，第 150 页。

未来战争指挥优势并进而取得作战胜势。深入考察古今中外战争史，作战指挥理论明显滞后于战争形态，作战力量难以优化整合、作战效能难以最大化释放，最终必然遭受失败的命运。1894 至 1895 年中日甲午战争，号称当时世界第六、亚洲第一舰队的北洋水师被日本联合舰队击沉，原因何在？对此，不少历史学家与军事家进行过深入分析，但“制海权”观念弱化、以海辅陆的落后指挥理念无疑是重要因素之一。当然，作战指挥理论也并非越超前越好，作战指挥理论过度超前于战争形态，指挥理论就会成为虚无缥缈的空中楼阁，无法真正指挥作战行动。因此，创新发展作战指挥理论必须依据世界军事变革的潮势，准确前瞻预测战争形态演变的方向。但关于前瞻时间点的确定，目前没有权威统一的界定。通过对世界战争史与军事变革史的深入考察，我们认为可以按照当前科技发展与军事变革的态势，以预测未来 15 至 20 年为宜。

基于敌我现实分析。战争不是指挥员之间意识层面的简单谋略推演，而是敌我力量现实的、活的物质对抗。从古至今，从来没有一成不变的作战指挥理论，也从来没有放之四海而皆准的作战指挥理论。作战指挥理论是好是坏、是优是劣，关键是看其是否适合国情军情，是否能够指导军队打胜仗。所谓“知己知彼，百战不殆；不知己不知彼，每战必殆”，作战指挥理论的产生与形成不能超脱对敌我情况的分析，也只有基于对敌我力量与现实环境的客观分析与判断，才能形成符合客观实际的作战指挥理论。土地革命战争时期，毛泽东基于对“中国的红色政权为什么能够存在”等国内形势特点的分析，制定了“伤其十指，不如断其一指”“集中兵力、各个歼敌”“打得赢就打，打不赢就走”等正确战略战术，指导工农红军先后取得四次反围剿胜利，保存了革命力量；之后，又基于对“政治经济发展不平衡的半殖民地大国、敌人的强大、红军的弱小、土地革命”四个主要特点深入分析的基础上，确定“游击战”“持久战”等战略指导思想，指导红军从小到大、从弱到强，取得抗日战争胜利。当前，在实现中华民族伟大复兴的进程中，以美国为首的西方国家不断加大对我国的战略围堵，外部干预成为实现国家统一与民族复兴的最大不确定性因素。因此，推动我军作战指挥理论创新发展必须瞄准最大可能现实威胁，着眼外部干扰的最坏打算，立足我现有国防实力做好克敌制胜的应对之策。

立足现有指挥体制。指挥体制是对指挥组织体系、指挥机构、指挥权限职责、指挥关系及相关指挥法规制度的统称，是实施作战指挥活动的载体与保障，在很大程度上决定着作战指挥效益。同样，作战指挥理论的创新发展、实践运用与效能发挥受制于现有作战指挥体制。没有完全脱离作战指挥体制的作战指挥理论，也没有不对作战指挥理论产生影响的作战指挥体制。作战指挥理论符合现有作战指挥体制，可以更好地指导服务作战指挥实践；作战指挥理论脱离现有作战指挥体制，再好的指挥理论也只能停留于理论层面，难以向作战指挥实践运用转化，无法指导作战指挥活动。新一轮国防和军队调整改革，我军基本确立“军委—战区—部队”三级指挥体系；不同战备等级状态军委联指、战区联指的相应内部架构基本搭设完毕；各要素席位正在相继落位与充实调整。这是我军作战指挥体制的基本现状，也是创新发展作战指挥理论必须考虑的现实依据。

三、深入探讨推动我军作战指挥理论创新发展的思路对策

创新发展作战指挥理论是一项系统工程，任何人都不可能一次性对推动作战指挥理论创新发展的具体措施事无巨细地逐一穷尽。但即便如此，仍然可以对照我军作战指挥理论创新的实然状态，依

据创新发展作战指挥理论的应然理论，对我军作战指挥理论创新发展的总原则、大方向做出基本判断。

以“你打你的、我打我的”为战略指导。回顾我军发展壮大的光辉历程，之所以能够一次又一次地以少胜多、以弱胜强，之所以能够取得一个又一个胜利、从辉煌走向辉煌，从作战指挥角度讲，关键就是很好地贯彻执行了“你打你的、我打我的”这一重大战略指导思想。无论是“敌进我退、敌驻我扰、敌疲我打、敌退我追”十六字诀，还是“打得赢就打，打不赢就走”以及“牵着敌人的鼻子走”等均是这一思想精髓转化应用的体现。反观多年来，我军作战指挥理论之所以没有取得标志性的重大理论研究成果，之所以“两个不够”“五个不会”等严重影响我军作战能力提升的问题长期存在而没有得到很好解决，其中重要因素之一就是没有如一贯之的坚持“你打你的、我打我的”这一重大战略指导，没有据此形成我们自己的作战与作战指挥理论。进入新时代，习主席高瞻远瞩、审时度势地再次指出：“战争艺术的最高境界就是你打你的、我打我的”[1]，为我军建设与作战准备明确了战略指导。创新发展作战指挥理论，必须深刻领悟“你打你的、我打我的”这一战略思想的精神实质，着眼实现“以能击不能”“致人而不致于人”，重点围绕如何“避免堂堂之战”“瞄准敌人的软肋与要害打”“发挥我们的优势和强项打”，如何灵活自主导控作战进程，如何塑造战场、赢得战略主动集智聚力。

以研究探索智能化作战指挥理论为牵引。处在新一代信息技术、新能源技术、新材料技术、智能制造技术、现代生物技术等新型科技群体突发、多头并进的时代洪流之中，朝此夕彼、波云诡谲的科

---

1 《与时俱进创新战略指导》，中央军委政治工作部：《习近平强军思想学习纲要》，解放军出版社，2019年，第65页。

技发展态势着实有些让人难以判断。近几年关于“新一轮科技革命将驶向何处？新一轮科技革命将把战争推向何方？”也成为科技领域与军事领域关注与争论的焦点。有人认为，随着基因工程、蛋白质工程等生命科学技术的发展，尤其是警醒于新冠病毒疫情的影响，生物战将成为未来基本战争形态；有人认为，随着美俄相继退出中导条约，核武器小型化、隐形化成为未来发展趋势，第二次核科技革命呼之欲出，核战争爆发威胁日益增大；有人认为，新一轮科技革命本质上是信息技术的再次升级，根本算不上一次独立的革命，未来战争仍然是信息化战争。鉴于生物战、核战争面临的伦理压力，综合美、俄等世界军事强国近几年出台的《2018 年国防部人工智能战略摘要》《人工智能在军事领域的发展现状及应用前景》等战略文件，推进武器装备与指挥控制系统智能化转型的战略举措，发起的具有典型智能化特征的军事行动，参照 2019 年《新时代的中国国防》白皮书明确提出“智能化战争初现端倪”等观点，我们的基本判断是：智能化战争形态正在扑面而来。作战指挥理论对作战指挥活动具有先导作用。创新发展作战指挥理论应在对智能化战争基本特征、制胜机理、作战编组、基本战法等深入研究的基础上，勇于冲破传统指挥理论架构与思维方式，重点加强对无人机群作战等智能化或具有智能特征作战行动的指挥体系、指挥关系、指挥流程、指挥手段、指挥机构、指挥方式的研究探索。

以滚动完善一体化联合作战指挥理论为重心。“无战不联、无联不胜。”一体化联合作战是现代战争的基本作战形式，也是今后一段时期内我军军事斗争准备与军事能力建设的重心。经过新一轮国防和军队调整改革，全军联合作战意识与观念不断增强，联合作战指挥体制磨合完善，联合作战理论与联合作战指挥理论取得深入发展，形成了系列研究成果。这些研究成果虽然也有许多不尽如人意与值得完善之处，但毕竟是全军集智聚力打造的结果。推动作战指挥理论创新发展，不是从头再来而是承继发展，对于已经取得的研究成果，我们应该按照“先试点、后完善、再推广”的思路，有重点、有步骤地强行推广运用，在实践中不断滚动完善，坚决避免再次陷入以往那种“提出新的作战指挥理论—质疑或部分否定—提出另一种新的作战指挥理论—质疑或部分否定”的作战指挥理论发展的“死循环”。

以持续推动我军作战指挥体制改革为抓手。作战指挥体制改革既是作战指挥理论研究的应有之意，也是推动作战指挥理论创新发展的重要动因。新一轮国防和军队调整改革，军队力量规模与结构得到重大调整，领导指挥体制实现结构性重塑，解决了长期以来许多亟须解决而未能解决的制约我军战斗力提升的体制性障碍、结构性矛盾、政策性问题；经过改革，形成了军委管总、战区主战、军种主建的格局，军队力量规模与结构更加合理，作战指挥体制更加健全、作战指挥关系更加顺畅，作战与作战指挥能力得到实质性提升。但同时，我们需要清醒地认识到改革越是向前越有困难、越是深入越有阻力，需要清醒地认识到当前我军“两个不够”“两个不相适应”的问题依然十分突出，仍然需要加强对不同作战方向、不同作战样式、不同层级的作战指挥体系、作战指挥机构及内部设置、作战指挥关系、作战指挥职责权限、作战指挥方式、作战指挥法规等深化研究与调整完善。

怎样实现联合作战行动整体联动

“联合作战是指两个以上的军种部队及其他参战力量，在联合指挥机构的统一指挥下，在全域多维空间共同实施的作战。”深入剖析这一概念后，我们不难看出，从行动和力量的角度来说，联合作战的本质就是多军种共同实施的整体作战。谋求多军种作战行动的整体联动既是联合作战区别于其他作战形态的本质属性，也是联合作战指挥的目标和重要关注点，以及联合作战能力形成与释放的最佳形式。

一、实施联合指挥是实现联合作战行动整体联动的首要前提

指挥是作战行动的“首脑”和“中枢”，对作战行动具有主导性、牵引性和规范性作用。作战行动能否实现“整体联动”，关键要看指挥是否实现了“整体联合”。

指挥体系建立要科学合理。指挥体系是指挥体制的基本架构，是指挥链的主要表现形式，也是控制作战单元基本作战行动的组织依托。经过军队调整改革和力量重塑，我军基本上建立了“军委—战区—部队”三级指挥体系。这一指挥架构为我们提供了一般意义

上的指挥范式，但我们不能照搬照抄，尤其在“任务部队指挥机构”层面，具有很强的可变性和探索性，需要结合不同作战方向、作战任务、作战样式，建立适应战场实际的具体指挥模式。

指挥机构设置要联合精干。指挥机构是某一指挥层级的内部构成，是作战指挥的实体，也是影响作战指挥效能的根本因素，对指挥活动的运行具有决定性作用。关于联合作战指挥机构的内部设置，虽然法规没有明确规定，但应坚持“平战一体、常态运行、专司主营、精干高效”的原则，按照“小核心、大外围”的思路，涵盖陆上作战、海上作战、空中作战、常规导弹作战和网电作战等各军种席位，满足联合情报分析、联合筹划决策、联合计划制定、联合行动控制、联合效果评估的功能需求。

指挥关系建立要清晰明确。指挥关系是军队各级指挥机构与所属部队或友邻部队之间，按作战指挥体制规定所构成的相互关系，是对行使指挥职权的基本规范，对于指挥活动能否有序高效运行具有重大作用。联合作战指挥客体的多军种性，使得联合指挥关系的复杂性成倍放大。联合作战指挥关系可以划分为固定的、相对固定的和临时的三种基本类型。固定的指挥关系有隶属关系，相对固定的指挥关系有配属关系，临时的指挥关系有支援关系和协调关系。指挥关系通常随指挥机构的建立自动形成，但指挥关系不是一成不变的，需要根据战场实际临时调整，确保各个指挥层级明确“自己听谁指挥、自己能够指挥谁”。

指挥方式运用要务实高效。指挥方式是指挥者实施指挥活动时所采取的指挥方法及表现形式，是连接指挥者与指挥对象的桥梁，是指挥效能发挥的重要保证，是影响部队作战行动效果的重要因素。实施联合指挥时，应着眼作战指挥效能的发挥，结合联合作战行动的实际特点，综合考虑指挥手段的水平和指挥对象的素质，在灵活运用“集中指挥、分散指挥、逐级指挥、越级指挥”等四种基本指挥方式基础上，大胆创新使用“导控式指挥、向下加强式指挥、任务式指挥、代理式指挥、前置式指挥”等务实有效的新型指挥方式。

二、指挥信息系统是实现联合作战行动整体联动的重要手段

联合指挥信息系统是作战指挥手段发展到高级阶段的一种特殊形式，是实施联合作战指挥的平台和载体，是确保联合作战行动整体联动的“神经网络”。

能够全面呈现战场情况。“指挥员的正确的部署来源于正确的决心，正确的决心来源于正确的判断，正确的判断来源于周到的和必要的侦察。”对于联合作战行动，实时掌握战场情况尤为重要。联合指挥信息系统应与侦察卫星、侦察机、侦察舰船、地面侦察设备等多种侦察手段相连，能够全天候、全时域、广范围、不间断、高精度地收集来自陆、海、空、天、电、网、核等多维空间各类目标信息，并发送给指挥控制中心，根据需要实时流转到其他指挥席，使联合指挥员和指挥机关能够全面、动态、实时地掌握战场情况。

能够自动进行情报分析。联合作战行动参战力量的多元性、作战空间的广阔性、作战领域的多维性、作战行动的多样性使得战场信息成几何倍数叠量增加，战场情报的真实性、不确定性、冗余性及虚实甄别任务繁重。联合指挥信息系统，在信息技术的支持下，应具备判断、分类、汇集、存储等功能，对接收到的战场信息能够进行自动预先处理，使联合指挥员和指挥机关能够更好地把精力放在指挥决策和调控联合作战行动上。

能够有效辅助指挥决策。指挥信息系统不仅是信息接收器和显

示器，更是辅助指挥员和指挥机关决策的“外脑”，能够有效提高指挥决策的效率和科学性。联合指挥信息系统，应至少具备态势融合、地形分析、兵力兵器对比、战损统计、要图标绘、方案检索、方案模拟、效果评估等功能。随着信息技术的深入发展和人工智能技术在作战指挥上的应用，联合指挥信息系统根据各作战单元上报的战场情况，将能够实时评估联合作战行动效果偏差，做出临机决策，提出战场情况处置建议。

能够保证运行合理可靠。系统是信息流转的通道，运行合理可靠是对联合指挥信息系统的基本要求。一方面，指挥系统层次结构要合理。要构建纵向能够贯通军委联指、战区联指、任务部队等各个指挥层级，横向衔接情报侦察、预警探测、测绘导航、气象水文，末端交链主战武器平台的指挥信息流转体系。另一方面，指挥系统要互通可靠。研究设计指挥系统时，要做到硬件兼容，软件互通，信息输入、输出、汇集、处理标准化，确保系统运行稳定、信息顺畅流通。

三、组织作战调控是实现联合作战行动整体联动的主要途径

联合作战行动重在调控、难在调控，没有调控或调控不好，就谈不上联合作战，也实现不了整体联动。组织战场调控的目的就是实现联合作战力量合力释效，联合作战行动整体联动。

聚焦作战威力整体调控。联合作战体系是一个由多种力量、多个行动等子系统组成的复杂的有机整体，各个子系统相互作用、相互影响，指挥员需要着眼总体作战效果进行宏观协调控制。因此，联合作战调控应遵循整体要求，从全局出发，对诸军种部队等各种

参战力量，陆、海、空、天、电、网、核等多维空间，各个作战阶段、各个作战方向、各个作战行动等实施全面调控，区分各个参战力量的位置、任务和关系，明确各个作战行动和作战阶段的转换、衔接的位置和时机，使整个联合作战行动体系形成一个有序整体，最大限度地发挥整体作战威力。

突出主要行动重点调控。联合作战战场空间广阔、参战力量多元、作战行动多样，所涉及的调控问题很多。实施作战调控时，必须区分主次，抓住对联合作战全局具有纽结性、支撑性的方向、力量和行动实施重点调控。一是对担负主要作战任务集团作战行动实施重点调控。二是对主要战场和主要方向的作战行动实施重点调控。三是对主要作战阶段的作战行动实施重点调控。四是对“制信息权、制空权、制海权、制电磁权、制网权”等对联合作战全局具有根本性、决定性影响的战场控制权实施重点调控。五是对“特种作战、致盲卫星”等非对称性作战行动实施重点调控。

区分职责权限分层调控。联合作战具有指挥层次跨度大、参战力量多的特点，处于较高指挥层级的联合指挥员即便能够实现与单个作战平台互联互通，也不可能完全掌握战场的具体情况，更没有能力也绝对不能对所有参战力量直接实施调控。因此，实施作战调控时，应根据指挥体系区分层次，各司其职，按级调控，尽量不要越级调控，以免出现令出多门，打乱指挥层次，造成指挥忙乱。

运用多种方式灵活调控。调控方式是达成调控效果的方法形式，实施调控时重点关注以下三点：一是以直接调控为主，直接调控与间接调控相结合。对于执行特殊任务的部队作战行动，通常实施直接调控，以减少控制层次，提高控制效率。对执行一般任务的部队，通常实施间接调控。二是以计划调控为主，计划调控与临机调控相结合。当战场情况基本按预先构想的情况发展，没有出现重大情况的变化时，通常采取计划调控；当战场情况出现重大变化，预选制定的作战计划已不适应战场情况，原定计划不得不放弃时，通常采取临机调控。三是综合运用按时间、空间和按目标调控的方法。当作战进程和节奏基本可控时，通常采取按时间调控；当战场地形对作战进程和结局影响较大时，通常采取按空间调控；当作战任务和目标明确或指挥手段有限无法通联时，通常采取按目标调控。

联合作战指挥信息系统怎样建

现代战争中，联合作战指挥信息系统是网络信息体系的重要组成部分，是信息获取、传递、处理、存储、分发的平台与载体，是实施联合作战指挥的主要手段，但同时也是影响我军联合作战指挥效能和联合作战能力提升的主要瓶颈和症结。可以说，我军联合作战指挥信息系统建设的水平与运行情况，事关能否实现指挥机构之间互联互通，事关能否实现不同战场空间作战力量的整体联动，事关能否在现代战争中获取信息优势、指挥优势并进而转化为行动优势。因此，深度思考如何有效推动联合作战指挥信息系统建设具有重大现实意义。

一、区分任务，理顺指挥体系——搭建系统架构

安全威胁决定作战任务、作战任务决定作战编成、作战编成决定指挥编成、指挥编成决定指挥关系、指挥关系决定信息交互关系。联合作战指挥信息系统建设，应区分不同战区及其应对的安全威胁方向、作战任务和主要力量编成，搭建与其相应指挥体系相适应的系统架构。

指挥体系架构。指挥体系架构决定指挥信息系统的纵向层级。

当前，我军联合作战指挥体系的基本架构是“军委—战区—部队”三级指挥体系。作为联合作战指挥的重心，各战区的联合作战指挥信息系统对上要联通军委联指，对下既要可以直接联通各军种任务部队，也要预留战区方向联指或联合任务部队指挥机构的层级链路。作为联合作战指挥的最高层，军委联指指挥信息系统向下要联通各个战区。

指挥机构编成编组与权责。指挥机构编成编组决定指挥信息系统的横向跨度，各指挥机构及其内部要素、席位设置决定指挥信息系统指令分发的权限和功能模块设置。虽然，当前战区联指主要采取“1+5”编成模式，但由于各战区对应的任务不同，“1”与“5”内部究竟如何设置要素、各要素内部如何设置作业组、各作业组内部如何设置席位、各个席位的具体指挥控制权责如何划分等，各战区必然有较大差异。比如，担负海上作战任务的战区可能均会设置海上作战分中心。但相比而言，没有担负海上作战任务的战区设置海上作战分中心的价值可能就会弱化。当然，与之相关联的海情态势感知、海上作战筹划、海上行动控制等功能模块也可能不设或限制性启用。

指挥关系。指挥关系决定指挥信息交互关系，也决定指挥信息系统连接关系。当前指挥关系的主要类型有三种：作战指挥、作战协同、作战支援。其中，作战指挥关系是指挥机构与作战部队之间构成的指挥与被指挥关系（包括控制与被控制）；对于具有作战指挥关系的指挥机构与部队之间，其对应指挥机构使用的指挥信息系统应具有部队编组、筹划决策、指挥控制、资源调配、联合训练、政治工作、支援协调等指挥权功能模块。作战协同关系是无作战指挥关系部队之间构成的相互协作配合关系，其对应指挥机构之间的战场态势模块必然要实时互联互通，但指挥权模块要独立运行。作战支援关系，是支援部队与受援部队之间构成的支援与被支援关系。受援方指挥信息系统应具备提出支援需求，控制协调支援行动的功能；支援方指挥信息系统应具备向受援方通报有关情况和制定支援计划的功能。

二、一体设计，打通结构壁垒——畅通系统脉络

实现联合作战的关键是对各军种作战力量实施统一指挥，建设联合作战指挥信息系统的关键是注重顶层设计，统一技术体制，强势打破各军种固有指挥信息系统的横向结构壁垒，实现信息网络互通、战场态势共享、作战资源共用、作战指令互达、作战行动联动。

注重联合论证。长期以来，我军联合作战指挥信息系统建设之所以没有取得“突破式”跃升，表层原因是各军种固守“地盘”、各自“耕种”，深层原因则是全军范围内缺乏对联合作战指挥信息系统建设的统一领导、统筹规划和监督推进。要想切实推动联合作战指挥信息系统建设，必须由军委权威部门挂帅，按照“统一领导、分层负责”的思路，成立专门的多级联合作战指挥信息系统建设小组，组织包括陆、海、空等各军种的联合作战指挥员和参谋人员对各级联合作战指挥信息系统的系统构成、要素互动关系、指挥流程、数据引入，以及态势共享、作战筹划、指挥控制、方案推演、作战评估等功能进行军事需求研究论证，同时基于嵌入联合作战指挥信息系统的要求，辐射和带动各军种内部指挥信息系统建设。

规范技术体制。随着科学技术尤其是信息技术在军事领域的广泛应用，以及对信息系统建设的不断重视，近年来我军各军兵种指挥信息系统建设确实取得了长足的进步。但客观地讲，各军种、各兵种之间及其内部指挥信息系统重复叠加和“烟囱”林立的现象交

织存在，军种之间甚至兵种之间的指挥信息系统无法完全实现真正意义上的“互联”与“耦合”。而造成这种现象的直接原因就是各军兵种之间指挥信息系统建设的技术体制和数据格式不统一。必须基于军事需求，由各联指指挥信息系统建设小组，组织技术开发人员对系统结构、功能模块、交互方式、信息流程、数据格式、代码编写、安全保密等进行统筹设计和统一规范，确保军种之间、兵种之间的指挥信息系统实现基础网络互通、系统平台互融、战场态势互享、数据信息互识、作战行动互动。

依托军民融合。一方面，战争的复杂性和不确定性决定指挥信息系统的建设只有进行时，没有完成时；需要整合力量、资源和技术，不断推动联合作战指挥信息系统建设跃升。另一方面，长期以来，我军联合作战指挥信息系统建设确实积存了不少短板和欠账，仅仅依靠军队自身技术力量短时间内很难填补。而军民融合发展战略无疑为联合作战指挥信息系统建设取得大幅跃升，提供了现实可能性。因此，要依托军民融合发展战略，建立联合作战指挥信息系统军地合作研发机制，充分利用和发挥地方科技人才专业技术优长，对“作战任务规划、作战计划拟制、作战行动控制、作战效果评估”等核心军事需求不断优化完善，对如何实现基于态势自主协同、如何对敌指挥信息系统实现远程网络攻击、如何确保我联合作战指挥信息系统网络安全等关键性难题进行重点攻关，将地方的“科技力”转化为军队的“战斗力”。

三、注重运用，逐步建设完善——强推系统运行

联合作战指挥信息系统作为实施联合作战指挥的重要平台和主要手段，军事需求源于作战指挥实践，操作功能用于作战指挥实践，

指挥效能检于作战指挥实践，当然也必须在作战指挥实践中才能滚动发展和不断完善。

正确审视联合作战指挥信息系统。任何事物均有其萌发、产生、发展、成熟的发展过程，任何成果的形成均需经过“实践—认识—实践”的螺旋式循环反复过程。作为一种实践性活动，建设联合作战指挥信息系统更是如此。对于联合作战指挥信息系统的建设必须要有客观正确的认识。一方面，联合作战指挥信息系统的定位是辅助指挥员决策，无论科学技术如何发展和联合作战指挥信息系统发展到什么程度，绝对不能寄希望于其能够替代指挥员决策；另一方面，联合作战指挥信息系统的建设既是一项庞大的系统工程，也是一个长期性的动态发展过程，要以开放包容和建设性的心态对待其建设和运行过程中存在的问题，不能因为发展中的暂时问题和个别短板，对“新生”的联合作战指挥信息系统全盘否定。

强力推行联合作战指挥信息系统。从某种程度上说，前几年我军已陷入“提出联合作战理论—否定提出的联合作战理论—提出新的联合作战理论”的死循环。无独有偶，我军指挥信息系统其实也未能摆脱陷入“研发系统—发现问题、否定系统—研发另一新系统”的另一个死循环。显然，没有进入实践运行环节，是联合作战指挥信息系统建设走向死循环的根本原因，而其更深层的原因则是缺乏权威性的执行力。因此，一旦联合作战指挥信息系统“诞生”，必须由军队权威部门采取行政手段和强制措施，冲破战区之间、军种之间的各种利益藩篱，按照“先试点、后推广”的步骤，区分不同层级联合作战指挥机构，在全军范围内强势逐步推行，确保联合作战指挥信息系统真正走入实践运行环节。

用中完善联合作战指挥信息系统。基于其实践性的典型特点，“使用—完善—使用”无疑是建设联合作战指挥信息系统的科学途径。

一是要充实更新作战数据。作战数据是支撑联合作战指挥信息系统运行的基础，作战数据缺乏也是当前制约我军联合作战指挥信息系统建设的主要因素。要通过组织联战联训、实战实训及其他重大军事行动不断校正和更新武器装备特别是新型武器装备性能指标、作战指挥周期、作战行动周期等相关数据库。二是完善系统功能。通过组织针对不同安全威胁、不同作战任务的联合作战行动，发现系统中已有功能模块的不足和短板，提出新的联合作战指挥功能需求。三是弥补系统漏洞。通过组织高强度的指挥对抗演练、网络攻防演练，以及长时间不间断的运行，及时发现、消除或弥补影响系统安全性、可靠性、稳定性、时效性的漏洞和隐患。最终，使联合作战指挥信息系统的数据更加符合实际情况，功能更加贴近指挥需要，运行更加满足实战要求。

现代战争中怎样夺取制电磁权

无论是否愿意或是否做好充分准备，世界各国均不得不承认世纪之交的几场局部战争显然已把人类卷入信息化战争的时代。基于信息化战争制胜机理，无论是国内外的军事理论专家，还是具有丰富实战演训经验的战略战役指挥员，均在不同场合、采取不同方式释放出同一结论：制信息权、制空权、制海权已成为夺取战争主动权的三大支柱，而制信息权又是夺取制空权和制海权的关键。作为制信息权的重要内容，夺取制电磁权无疑对于夺取综合制权，主导战争进程，赢得战争胜利具有核心支撑作用。但究竟如何设计夺取制电磁权作战行动？夺取制电磁权作战行动应该按照什么顺序组织？这不仅是厘清夺取制电磁权行动逻辑的基本理论问题，更是有效组织夺取制电磁权行动，确保打赢现代战争的重大现实问题。

一、组网：立体侦察监视，掌握敌整体部署动态

争夺制电磁权的行动与其他作战行动相比，具有平战一体、贯彻全程的典型特点，即夺取制电磁权的主动权在很大程度上取决于平时侦察监视体系的建设水平与运行情况。构建太空、空中、海上、陆地、水下的立体侦察情报网，既是塑造有利战场电磁态势的前提

和基础，也是夺取制电磁权本身的应有之意。

空间侦察监视。处于侦察监视空间的最高位，空间侦察监视具有“站高远望”的得天独厚优势，能够实施全方位、全范围、全天候、全天时的侦察。具体来说，利用通信侦察卫星监听作战对手战略决策者和主要指挥员的无线电通信；利用海洋监视卫星，对作战地域的敌海上目标进行侦察、定位，为作战行动提供海上电子信号情报；利用导弹预警卫星，监视敌导弹发射地区，一旦导弹第一时间预警并识别目标真假，向防空指挥机构传报导弹发射地点、飞行轨迹和攻击的大致区域。

空中侦察监视。空中侦察监视是立体侦察监视网的核心组成部分，能够挂装雷达、电子对抗射频接收机、通信情报接收机、干扰机、频率自动测向仪等多种侦察手段，具有侦察速度快、范围广、灵活机动的优势。一方面，利用高空侦察机、电子情报侦察机等战略情报侦察机对整个战场进行大范围的战略情报侦察与搜集，对卫星侦察结果进行核实印证。另一方面，区分高、中、低空分层次配置电子战飞机、预警机、反潜巡逻机、侦察直升机、无人侦察机、侦察气球和飞艇等战术侦察平台，对重点区域和重点目标实施情报侦察。

海上侦察监视。海上侦察监视具有隐蔽性强、侦察设备多样、作业方式多样、侦察精度高的特点，对空中侦察监视的结果具有核实印证作用，是立体侦察监视网的重要组成部分。一是从空间上，实施航空兵侦察、水面舰艇侦察和潜艇侦察的多层次侦察；二是从手段上，综合运用成像侦察、无线电技术侦察、目视侦察和水声侦察；三是从行动上，在重要海域实施区域性侦察巡逻，对预定或需要印证的目标实施大范围海上搜索，对重要目标实施持续海上动态监视，对需要掌握性质、数量、位置、构成、特点等详细信息的关键目标通过海上遣送实施人工抵近侦察。

地面侦察监视。相比空间、空中、海上侦察监视，地面侦察监视确实具有侦察距离近、范围小、易暴露的缺点。但“不入虎穴，焉得虎子”，地面侦察监视无疑是掌握敌陆战场详细电子对抗设备部署和相关行动的有效途径。一是投掷侦察。战前或战斗发起后将电子传感器通过空投、抛撒等方式投放到敌纵深军事区域附近进行侦察，及时侦收、传送敌重要军事行动和设施的情报信息。二是武装侦察。对没有布设侦察设备的盲区，或确需掌握详细信息的敌防空导弹阵地、雷达站、通信站、指挥枢纽等重要目标，必要时派遣人员实施秘密抵近侦察。三是间谍侦察。通过长期深远布局，了解掌握敌战略底线和重大战略行动。

二、致盲：全面干扰压制，遮蔽敌防空预警系统

敌防空预警系统集“侦察预警、火力打击”于一体，既是发现监视我方电子战飞机、空中战机及其行动的监视防护网，也是打击摧毁我方电子战飞机和空中战机的火力威胁网。夺取制电磁权，首先要致盲敌防空预警系统，确保战时我方电子战飞机和空中战机能够安全升空。

常态电磁欺骗。随着对夺取制电磁权在现代战争中重要作用认识的不断提高，各国对电子对抗装备的建设和电子对抗行动更加重视。客观地讲，当前在我方电子对抗能力没有取得绝对性优势甚至劣势的情况下，战时很难一次性地做到彻底致盲敌防空预警系统。平时尤其是战前要常态化组织电子佯动侦察和电子佯动干扰演练，通过反复地“狼来了”，麻痹敌防空预警操作和指挥人员的神经，模糊备战和开战的时间边界。即通过麻痹敌思想神经，致盲敌防空预警系统，确保我方电子对抗行动真的发起时，使敌仍然认为只是

常态化的演练或佯动，从而使我方电子干扰或电子侦察行动成为敌防空预警系统的“灯下黑”。

强力电磁压制。电磁压制是电子进攻的常用手段，也是夺取制电磁权的主要方式，先于战争开始之前，结于战争结束之后。需要说明的是，这里所指的强力电磁压制不同于前面所讲的常态电磁欺骗中的电磁压制，而是围绕完成特定作战任务的真正电子对抗行动。具体来说，是指借最后一次“麻醉性”演练之势，对遂行重要任务的电子战飞机可能经过空域的敌预警探测雷达，进行全方位强力电磁干扰，使敌雷达屏幕充满大片“雪花”。通过强力电磁压制，一方面，确保电子战飞机安全顺利地躲过敌雷达侦察监视；另一方面，使敌误认为强烈攻击之后必然是猛烈的火力打击，为后续诱敌打击靶机做好充分的前奏和铺垫。

崩溃核心电网。电能是当前传输能量不可替代的方式，电力网是支撑作战体系的核心基础网络。电力网一旦遭到结构性破坏，包括防空预警系统在内的整个作战体系就会彻底瘫痪。通常来说，为防止暴露作战发起的战略企图，对敌核心电力网打击的时机、范围和程度要谨慎控制。若电子战飞机和空中战机已完全躲避敌防空预警系统监视，顺利升空或完成指定任务，准备全面展开后续电子对抗和空中打击行动，无疑应毫不犹豫地使用石墨弹全面打击敌发电厂和变电站，崩溃敌战略电力网；若通过强力电磁干扰和压制，仍然无法致盲敌防空预警系统，可以对支撑相应防空预警系统的局部电力网实施有限干扰和打击。

三、诱骗：巧设电子刺探，打开敌电磁防空缺口

“致盲”只是暂时蒙住了敌防空预警系统的眼睛，但其实体力

量依然存在。一旦敌防空预警系统“睁开眼”，我方空中目标势必遭受严重损失。为谋求“大胜”，要力求通过巧妙刺探消耗敌防空火力，撬开敌电磁防空体系，为后续毁瘫敌电子对抗力量减少安全威胁与创造条件。

投射靶机，耗敌防空火力。争夺制电磁权是敌我双方电子对抗力量反复博弈和厮杀的过程。即在我方实施强力电磁干扰压制时，敌势必对我方电子对抗力量实施反干扰，以尽快清除其侦察预警屏幕上的“雪花”，恢复正常的侦察监视功能。要抓住敌急于捕获我方电子飞机、空中战机等电子对抗目标的“切切期盼”，故意适当减弱对敌电磁干扰和压制的强度，并同时向作战空域发射安装回波增强设备的诱饵靶机，使敌雷达屏幕显现目标，误导敌认为其反电子干扰行动“奏效”。基于猎杀我方空中目标、以确保其空中安全的兴奋与驱动，引诱敌防空导弹、高炮部队等向其认为的“空中战机”开火，以大量消耗敌防空火力，为后续真正的电火一体突击行动减少安全威胁。

再投靶机，获取雷达参数。无论是出于我方主动消耗敌人防空力量的作战目的，还是鉴于敌防空力量准备的充分性和对我方空中战机打击的坚定性，不难预测，我方发射的第一批靶机通常会成为敌防空火力的“炮灰”。要利用敌第一波防空火力消耗之后，第二波防空火力尚未完成准备的时间差，向作战空域再次投射相当数量的靶机，诱导敌雷达开机、侦察、跟踪，从而充分获取雷达的位置、类型、数量、技术参数，并将获取的信息传送给信息处理中心进行融合、分析，并在此基础上研判、推断敌指挥所、防空导弹阵地的具体配置，为后续毁瘫行动提供精准的数据支撑。

隐击要害，撕开电磁缺口。在争夺制电磁权的斗争中，“示假”与“隐真”犹如一对孪生兄弟，只有互为配合、一体行动，才能提高“晃”过敌侦察监视的概率，才能更大地提升作战功效。投射靶机的“示假”行动，除其消耗敌防空火力，获取敌雷达参数的直接目的外，其本身也是对我打开电磁防空缺口行动的一种掩护与配合。具体来说，就是在引诱敌防空火力向我投射的靶机实施“复仇式”打击的同时，采取超低空飞行、特种破袭等方式，隐蔽地组织力量对敌防空预警系统中具有“支撑作用”的关键链条或重点目标，实施“拔点清除”式打击，为后续遂行毁瘫行动的空中力量打开升空和飞行的安全通道。

四、毁瘫：电火一体打击，摧毁敌电子对抗力量

致盲是对电磁能量的遮蔽，诱骗是对电磁能量的消耗，但能量源于实体，只要实体存在，电磁能量便可以再生。因此，要想彻底夺取制电磁权，最终还必须通过软打击与硬摧毁的双重手段，对争夺制电磁权的力量源——敌电子对抗力量——进行瘫体式打击。

联合火力打击。严格意义上说，火力打击属于夺取制电磁权中的非对称性作战，即以火力效能制衡电磁效能。当然，火力效能无法对电磁能直接产生杀伤，而是通过毁伤生成电磁能的物理实体实现。当然，这也是削弱敌争夺制电磁权作战能力的根本方法。具体来说，联合火力打击主要是利用空中战机、巡航导弹、远程火炮等力量，对通过前期侦察监视已经获取精确坐标位置的发电厂、变电站、雷达站、指挥中枢、通信枢纽、防空阵地、机场等目标，或在地面特种作战力量的引导下，实施“点穴式”或有限“地毯式”打击。

反辐射攻击。从某种程度上说，反辐射攻击是一种“借势打势”的攻击方式，即利用敌辐射的电磁信号制导我对其实施火力摧毁。具体来说，可以采取三种攻击方式：一是反辐射导弹攻击。对被发

现的敌雷达、无线电制导设备、干扰机等电磁辐射源目标，直接发射空地型、空空型、地空型、地地型等反辐射导弹，实施精确“点”打击。二是反辐射无人机攻击。将“雷达杀手”——反辐射无人机部署在空中待机，通过其自身携带的传感器系统对电子目标实施侦察、监视和锁定，一旦锁定敌方雷达等辐射源，直接进行俯冲“自杀式”攻击。三是反辐射炸弹攻击。当发现的电磁辐射源较多，或无法确定其具体精确位置时，利用空中运载平台，将安装反辐射导引头的炸弹，从空中直接投向疑似电子目标区域，实施大范围“面”攻击。

新概念武器攻击。基于其特殊的杀伤机理，新概念武器在夺取制电磁权的斗争中的作用非同小可。目前，能够用于摧毁敌电子对抗设备的新概念武器主要有两种：一是高功能微波攻击。利用炸药爆炸压缩磁通量的方法产生高功率微波，对敌重要城市的发电站、雷达、电视台、计算机系统、信息化武器装备实施大范围的“烧焦”“烤糊”式电磁脉冲攻击，使敌侦察网、指挥网、通信网、电力网瞬间休克。二是激光武器攻击。充分利用激光速度快、精度高、衰减小、持续时间长及不受电磁波影响的优点，使用高强度定向激光束直接摧毁或杀伤敌侦察监视卫星、通信卫星、导航卫星、空中侦察机、预警机、导弹等对争夺制电磁权具有战略支撑作用的大型关键目标。

科技创新篇

到底是谁在改变战争？科技！科学技术不仅是推动社会进步的根本动力，也是推动战争形态演变的重要动因。对科学技术理解的越深刻，对战争形态演变理解的就越深刻。

三栖交通工具：事关战局控制权的军事角逐

2018 年 11 月，在中国珠海航展上，中国 AEE- 电航空展出了我国自主研制的全球首架陆海空三栖飞机 MY-ABC。顾名思义，这架飞机不仅可以在空中飞，还可以在水中游、在陆上跑，这标志着我国在三栖交通工具发展上已经成为世界各国的领跑者。

据研究人员介绍，这架三栖飞机耗能低，采用全复合材料，双座、双操作系统，起飞负荷达到 700 公斤，巡航时速为 220 公里，陆地巡航里程为 600 公里，空中巡航里程为 1500 公里，这表明中国飞行器的很多指标已经超过了国内外的两栖飞机。

其实不仅中国，其他世界发达国家尤其是军事强国，也十分注重三栖交通工具的设计与研发。

据美国《大众科学》杂志报道，图标飞机制造公司（ICON Aicraft）发布了一辆全新的可折叠式个人小型飞机“Icon A5”。该飞机能够水陆空三栖使用，最高飞行距离为 3048 米，最高时速为 224 公里，翼展 9.7 米。现在主要面向私人飞机市场，有望成为新一代人们出行的旅游交通工具。

据俄罗斯卫星通讯社报道，2018 年 6 月，俄罗斯设计师亚历山大・贝加克使用一个月时间设计出一款三栖汽车，名为“Begalet HYPE”，净重 114 公斤，最大起飞负荷 320 公斤；充满电可行驶

300公里，在平静的天气条件下飞行时速70公里，最大飞行距离为450公里；地面行驶时速为120公里，水上时速为30公里。几乎处于同一时期，俄罗斯鄂木斯克的科学家也研制出另一款三栖汽车。这款汽车装有4个轮子和200至250匹马力的标准汽车发动机，用液体冷却作燃料，有折叠式翅膀、尾翼和螺旋桨，可乘坐2至4人。最大飞行重量1300公斤，最高飞行时速270公里，飞行高度3000米，飞行距离1500公里，不仅可以在地面上以150公里的时速起飞，起跑长度只需180至200米，还可以在水面起飞和降落。

其实，不仅俄罗斯，其他欧洲国家也先后展开了类似研究。前不久，意大利空中客车公司和乔治亚罗公司在日内瓦国际车展上，也展出一款名为PopUp的“多种方式交通概念车”。据研发者介绍，这款概念车能够开启不同的运输模式：给它安装上4个轮子，就能当汽车开；连接上推进器和机翼，就能在空中飞行；还能进入“超加路列车”当火车用。

当然，也许世界各国设计研发三栖交通工具的初衷并非用于军事。但人类战争史的实践告诉我们，一项科学技术的革新一旦广泛应用到军事领域，势必引起武器装备、作战方式、作战理论甚至战争样式的革命性、颠覆性变化。无论世界各国是否公开承认，三栖交通工具这一事关战局控制权的另一场军事角逐已黯然展开。当前，世界主要军事强国的汽车、坦克、舰艇、飞机等车辆或武器装备的机动性能虽存在不同程度的差距，但这些“性能差”显然已不能成为把握战争主动权和战局主导权的关键。世界近几场战争实践表明，要想确保己方的机动权，破坏敌方的机动权，进而控制作战节奏和作战进程，必须研制和广泛列装能够快速、灵活跨越陆、海、空甚至天等多维作战空间的多栖机动车辆和武器装备。毋庸置疑，三栖交通工具设计与研发的成功，不仅会大大提升车辆和武器装备克服高山、丘陵、江河、湖海、雷场等天然障碍和人工障碍的机动性能，便于快速突破对方防御体系，而且对于山地、丛林地等复杂地形作战尤其是登陆作战的作战指导、兵力部署、作战阶段划分和具体战法将会产生革命性影响。另外，可以想象，三栖机动车辆和武器装备在战场上的运用，势必将会极大地缩短战争进程，缩小战争空间，真正实现多维立体全纵深作战，对于提高军队的战略投送能力、立体攻防能力和战局控制能力具有快速催化作用。因此，在这场新的军事角逐中，谁能优先将三栖交通工具成熟嫁接和应用于军事领域和战场，谁就将优先获得未来战争战局控制的主动权。

“黑暗”材料：使武器装备彻底看不见

你可曾想过：敌人站在你面前，你却看不见？这不是吓你！战场中真正的隐形人正在胎中孕育。

据2019年5月19日新华社东京报道，日本产业技术综合研究所领衔的研究小组最新研究出一种新的吸光性材料，这种新材料可以对可见光和红外线的吸收率超过99.5%，其相关论文也已发表在英国皇家化学会的《材料化学杂志》。

这则消息一经发出，立即引起科学技术界的广泛关注。因为要使材料被光线照射之后，既不产生反射和透射，也不产生映射和耀斑，需要对材料表面进行纳米级的精密加工和改造，形成圆锥形空洞结构，技术难度巨大。长期以来，虽然各国都在致力于吸光性材料的研究，但始终未能取得巨大突破性进展。

据日本研究人员介绍，研究过程中他们首先把加速器发出的离子束照射在树脂材料上，在其表面制造出细孔，而后通过化学手段将小孔扩展成圆锥形空洞结构，再对这些空洞填充混合碳的黑色硅橡胶，就合成了这种对可见光和红外线的吸收率分别超过99.5%和99.9%的高效“黑暗”材料。

虽然日本研究人员仅称这种材料有望应用于望远镜和照相机等对光吸收极为敏感的设备，并未直接指出其未来军事应用价值和前景。但科学技术的发展史和人类战争的演进史不止一次地证实：一种新技术或新材料一旦走进军事领域，便会引起武器装备、作战样式甚至战争形态的革命性变化。

只要稍有武器装备常识的人员均十分明白，这种“黑暗”材料一旦从实验室走向产业化工厂，对武器装备的发展将会产生颠覆性的革命，武器装备将会彻底“隐身”。也许有的人会问“隐形无人机”不是早就有了吗？其实，“隐形无人机”的“隐身”原理主要是吸收了雷达发射的电磁波，提高了反雷达的探测能力；但光学探测器材是完全能够看得见的，即并非真正意义上的“隐身”装备。而由这种高效能吸光“黑暗”材料制造的“隐身”武器装备，几乎对照射到其表面的可见光和红外线能够完全吸收，这就意味着人的肉眼及望远镜、热成像仪等光学侦察器材在武器装备面前也会“失明”。可以想象，作战中如果某一方的坦克、飞机、火炮等武器装备、车辆以及作战人员的作战服均采用这种材料制造或表面涂抹这种材料，就会造成另一方对其所有作战力量和作战行动“看不见”，就会使对方成为“睁眼瞎”。

近在咫尺，却能使对手完全“视而不见”！显然，由于其可能对武器装备带来的革命性“红利”，这种“黑暗”材料将会受到世界各国的广泛关注和“青睐”。因为武器装备的变革必将引起军队编制体制和作战样式的变革。可以说，谁先研制出这种高效能“黑暗”材料并实现产业化，谁就掌握了军事革命浪潮中的一个制高点，谁就可能率先引领武器装备的换代升级，并以此获得作战行动的非对称性优势，以及改变战争样式和掌握战争的主动权。因此，对此我们必须高度关注和持续跟踪研究。

量子加速度计：可能颠覆卫星导航霸权的未来之星

当提及卫星，自然会想起导航；当提及导航，自然会想起卫星。在普通人们的认知里，好像“没有卫星就没有导航，离开卫星就无法实现导航”已经成为一种常识。

但这种习以为常的认知，可能将会被颠覆与打破！

2019 年英国帝国理工学院官网报道，该校与量子技术 M Squared 公司携手，研制出全球首款用于导航的量子加速度计，并在英国国家量子技术展示会上展示了这种可移动、可商用的量子加速度计。这一量子产品的“亮相”，意味着导航可以不再依赖全球定位导航系统，开启了导航模式的新纪元。

简单地说，量子加速度计是一个独立的系统，不依赖任何外部信号和系统，通过测量物体速度随时间的变化，以及物体的起点，可以计算出物体的精确位置。

据该公司量子技术科学家约瑟夫·汤姆（Joseph Thom）博士介绍，其实加速度计已在手机和笔记本电脑等商用设备中使用，但由于缺乏外部参照系，很难在较长时间内保持较高的准确度。而若要确保测量的准确度，必须使原子处于超冷状态，用量子力学来描述其运动方式，也就是所谓的量子干涉仪。

量子加速度计主要依靠测量极低（接近绝对零度）温度下的超

冷原子运动来工作。在超冷状态下，冷原子就像物质和波一样，表现为“量子”方式。为使原子足够冷并探测它们的特性，M Squared公司历时三年研制出一种用于冷原子传感器的通用激光系统，为加速度测量提供了光学标尺。为推动此项研究，英国政府五年内先后投入2.7亿英镑。

在此次展示会上展示的产品只能在一个平面上进行测量。但据研究人员表示，他们很快将会研制出能够在三个平面进行测量的升级产品，即可以实时测定物体在全球任何地点的精确位置。

此外，量子加速度计不仅可以用于大型车辆、船只的导航，也可应用于寻找暗能量和引力波等基础科学的研究。M Squared公司创始人兼首席执行官格雷姆·马尔科姆（Graeme Malcolm）博士认为，这种商业上可行的量子设备即加速度计的研制，表明英国在结合工业界和学术界方面拥有独特的优势，将让英国处于即将到来的量子时代的前沿，此研究旨在改善其在社会上的实际应用。

虽然该公司没有明确表明量子加速计在军事领域的应用前景。但我们应该能够清醒地认识到，当前围绕“制卫星权”的斗争十分激烈。一方面，夺取“制卫星权”是夺取制信息权和制天权的核心和关键；另一方面，夺取“制卫星权”的其中一项主要原因是争夺“导航权”。目前，世界主要国家的武器装备导航定位系统主要依赖美国GPS、俄罗斯GLONASS和中国BDS等全球卫星导航系统。但卫星信号受地形、地物、地貌和气候影响较大，同时也极易遭受军用设备自扰、民用设备互扰以及敌方的蓄意拦截、封锁、干扰、破坏，导致军事行动中无法准确导航的现象经常出现，严重制约了军事行动的效益。可以说，拥有了“导航权”，就能确保己方军事行动的安全自由，打乱和破坏敌方军事行动的安全自由。

每一次科学技术的飞跃必将引起军事领域的变革。由于量子加速度计工作时不需依赖全球定位导航卫星，就能够确定地球上任何地方的精确位置，使其成为“天生”的防干扰导航装置。可以想象，一旦此款量子产品走出实验室、走出商业限制、走向战场，将对武器装备的制导方式产生颠覆性、革命性的影响。可以说，谁先将其应用于军事领域，谁就可能掌握军事行动的主动权。对此，我们需要高度关注。

“脑后插管”技术：脑机交互的“直通车”

如果说意念控制一直是神话，那么马斯克“脑后插管”技术取得的重大突破，则使神话变成现实。

2019 年 7 月，据国外相关媒体报道，世界著名脑机接口研究公司 Neuralink 举行发布会，公司负责人马斯克欣喜地宣布，其已经找到高效实现脑机接口的方法——“脑后插管”技术。这不仅是该公司成立两年以来发布的首款产品，而且标志着世界领域内脑机接口技术实现了关键性重大突破，标志着脑与机器之间的域界即将被彻底打破。

据介绍，这种技术是通过使用神经手术机器人在大脑上进行无痛微创穿孔，向大脑内植入芯片，然后通过 USB-C 接口直接读取大脑信号，实现机器控制。具体来说，马斯克的这种“大开脑洞”方法分为三个步骤：第一步是头骨穿刺，即使用“缝线机”外科神经机器人，用激光在大脑头骨上钻孔，并同时避开大脑血管，安全无损地将只有头发丝 1/4 粗细的线路，以每分钟 6 根线的速度植入大脑；第二步是植入芯片，即将比手指尖还小的定制芯片分别植入脑内三个运动区域与一个感受区域，从 1500 多个电极中收集与读取大脑神经元信息；第三步是信号引出，即使用内含微小电极或传感器直径只有 4 至 6 微米的导线，将芯片读取的大脑信号传送出来。

处在新一轮科技革命的高速挺进期，众所周知，近年来脑机接口技术已成为世界科技领域研究与关注的焦点；而“脑后插管”技术的发布无疑又成为脑机接口技术发展路径上的一座里程碑，标志着脑机接口技术取得实质性重大突破。虽然该技术目前还未在人脑上成功完成测试，但以当前科技一日千里的迅猛发展态势，不难预测人脑与机器之间的“域界”即将被真正捅破，脑机直接互联、以意隔空驭物将不再遥远，记忆移植、知识粘贴、智慧传输、意念交流将不再是停留在科技大片里的“神话”或“玄幻”，届时人类生活方式将会被彻底改变。而科技水平决定武器装备水平，生活方式决定作战方式。随着脑后插管等脑机接口技术的不断发展成熟，并从实验室走向日常生活、走向战场，以“物联网”为主体的现有战场网络将会拓展为“物联网、脑联网、物脑联网”交织一体的万物互联，指挥员之间直接进行思维意识深层互动，指挥员对无人化作战平台直接进行意念控制，无人化作战平台之间直接自主高效协同将会成为未来战争的常态。

在新一轮科技革命的浪潮中，无论我们是否做好准备，我们应该承认脑机接口技术正在不以我们主观意志为转移地快速发展，也正在不以我们主观意志为转移地改变未来生活方式与作战方式，对此我们必须持续关注。

下一场战争

不警醒先知明天的战争，就会被明天的战争而“惊魂”；不更新传统战争观念，就会被新的战争而“革命”！处于科技革命多点突破、群体兴起的洪流之中，战争形态演变的车轮正在加速滚转。战略空间博弈、智能化战争、生物战离我们还有多远？谁将率先破笼而出？

更加激烈的战略空间博弈

对于一个国家，战略空间就像人生存环境的周边空气，战略空间一旦压缩，国家就像被卡住了咽喉，国家发展就会浑身乏力甚至窒息。所以自从有了国家，无论是否当时有“战略空间”的意识和“战略空间”的概念，但资源之争、领土之争、通道之争、航线之争等国与国之间的战争确实多数是为争夺战略空间而起。

重翻人类发展史和人类战争史，不可否认，在帆船、舰艇发明之前，尤其是人类缺乏远洋航海能力之前，海洋虽大，但对于人类来说，也仅仅是“虚无缥缈”。陆地无疑是人类生存的主要栖息地，也理所当然地成为国家之间的主要战略争夺空间。但经过几千年的争夺与反争夺、划设与再划设，当今世界陆地权益格局基本已划分完毕并相对成熟。无论大国之间如何“折腾”，有限的争议陆域已难以填补大国发展的空间需求。另外，无论哪一个国家，包括任何一个大国甚至霸权国家，均不太可能直接大规模地吞并其他国家的陆地领土。因为轻易地撬动现有地缘格局，付出的代价过于沉重。但崛起国为变得强大，守城国为变的更强大，均需要开掘新的战略空间进行滋养。因此，大国博弈的空间必然要转向海、空、太空等其他空间领域。当然，在事关国家领土主权的问题上，任何国家对任何一寸陆地领土都不会也不应轻易地妥协和退让。但从国家发展的战略高度来看，绝对不能把眼光和国家战略博弈的主要精力及重要力量始终放在几平方公里甚至几十平方公里的寸土之争，应该着眼未来之争，把眼光放在更广阔的其他利益空间。这也是为什么当前我们面临的主要威胁主要来自海上而非陆上，为什么近年来我军更加注重海、空军建设以及海军力量必须走出去的逻辑所在。

的确，相比而言，除 1982 年《联合国海洋法公约》明确的 12 海里领海、24 海里毗连区及 200 海里经济专属区外，全球还有很多公共海域。随着人类对海洋战略空间及海洋资源重要性的认识更加清晰，以及征服海洋能力的提升，世界各国势必对公共海洋战略空间进行瓜分与争夺。

据此，有些专家学者认为，“陆权更关乎生死存亡，海权更关乎兴衰成败，因为陆权是生的问题，海权是发展的问题。”站在今天的时空坐标下，这句话确实不无道理。但如果站在人类发展史长河中来衡量，这句话显然有时代局限性。因为经过仔细剖析，不难发现这句话的基点是当前只有陆地才是人类的生存空间。但随着人类改造自然能力的提升，人类在海洋空间生存也必然不是不可能的事。那时，海洋肯定也不仅仅关乎兴衰成败，而且也会关乎生死存亡。但从长远来看，也不要过于纠结海权与陆权，因为海、陆仅是战略空间的一部分，并非战略空间开发的唯一选择。

因此，我们必须清醒地认识到，未来随着世界各国在海域权益边界的逐渐清晰，海洋战略空间争夺也迟早会陷入僵局，那时南极、北极、临近空间、太空、地下甚至其他宇宙空间也将逐渐成为新的争夺对象。什么是战场？争夺的空间就是战场！因此，未来的战场也会越来越大。

打个简单的比喻，全球的战略空间格局就像一个盛满沙、石的容器，当沙、石刚刚倒入容器时，相互之间还有很多空隙可供沙、石争夺。但随着人类历史的车轮跌宕式地演进，沙、石之间可供争夺的利益空隙会越来越小，全球的战略空间格局也会越来越趋于稳定。眼光能看多远，路就能走多远。因此，大国要想持续健康发展，大国博弈时就不能把视野和注意力囚禁于眼前有限利益，要着眼博弈的大局与长远，跳出格局的禁锢，尽早抢占未来博弈的新的战略空间。

智能化革命何去何从

当今时代，“智能化革命”犹如一颗耀眼的新星，成为最时髦、最受关注和谈论最多的话题，甚至到了如果一个人不知道智能化革命，就可以评价其“OUT”的地步。那么，智能化革命到底有何魅力？智能化革命究竟意指何义？智能化革命又将何去何从？

智能化革命是科学技术在当今时代的发展趋向，谁优先掌握了智能化革命的主导权，谁就占据了科学技术革命的制高点，谁就能成为未来战争“游戏”规则的制定者，谁就能率先跑在大国竞技的最前列。可以说，智能化革命事关中国能否继续保持经济持续增长，事关中国能否在国际竞争中获得主动，事关中国能否在与敌方生死对决中胜出，事关中国梦的实现和中华民族的伟大复兴，事关国际体系的重塑，事关人类的命运。

整个人类社会演进史，其实也是一部科学技术发展史！可以说没有科学技术的进步，就没有人类社会的进步；没有科学技术的革命，就没有人类社会“脱胎换骨”式的前进。重寻人类社会的演进历程，深挖推动人类社会发展的动力之源，以“蒸汽机”为代表的第一次工业革命，将人类带入“蒸汽时代”，以“内燃机和电”为代表的第二次工业革命，将人类带入“电力时代”，以“计算机和互联网”为代表的信息革命，将人类带入“信息时代”。现在，以人工智能技术为代表的第四次革命，已然悄无声息地把人类带入一个崭新的历史纪元——智能化时代。

也许有人说自己还没有感知到智能化革命的到来，也许有人说智能化革命不会那么轻易到来。但殊不知任何一场科学技术革命的来临，往往都领先于社会大众的普遍感知，否则新的科学技术的先进性也就没有先进性可言！殊不知历史上大凡不愿主动接受科技革命的国家，往往都会成为率先踏上科技革命国家宰割的羔羊。我们要清醒地看到，智能化革命不以任何人的意志为转移，踏着坚定的步伐敲开了新的时代之钟。在智能化革命的道路上，世界大国之间正在毫无保留地比拼发力，生怕被落在后面。因此，现在的问题不是讨论与思考是否参与智能化革命的角逐，而是如何才能在智能化革命的过程中跑得更快并最终胜出。大国兴衰的实践反复证明，在科学技术的赛场上，没有任何努力是徒劳的，也许今天的耕耘明天开不出惊艳的鲜花，但最后沉甸甸的硕果少不了任何一份努力。

智能化革命不只是一个时代标签，它是人工智能技术向社会各个领域、各个行业的全方位渗透与融合，会对现有社会生活范式产生颠覆性冲击。智能化革命的实质是通过融合各类技术，生产出类似人天然智能的人工智能，打破人对智能的“垄断”，使万事万物智能化。在智能时代，不仅人与人可以交流，人与物、物与物之间也可以交流；在智能时代，不仅人可以思考、可以产生喜怒哀乐，物也可以思考、可以产生喜怒哀乐；在智能时代，可能人不再是地球的唯一主人，这一尊贵的身份将会被“瞬间”移居到万物。

人是一种比较懒惰的动物，从某种程度上说，人推动科学技术发展的过程就是不断减少人参与劳动的过程，不断满足人的惰性的过程。工业革命解放了人的四肢，信息技术革命解放了人的视觉、触觉和传输神经，智能革命就是旨在解放人的大脑，把人类最高贵的“劳动”——思考物化。要想过河肯定首先要解决“路”和“桥”的问题！因此，决定能否实现智能化或者能否大幅度实现智能化的关键是人机交互技术的发展与成熟。人机交互技术将经历一个人工操作、多点触控、隔空操作、意识操作的过程，当前我们处于多点触控基本成熟、隔空操作逐渐兴起的方位，并且也已经取得了理想的预期。当然最理想也最困难的一段路程在后面——意识操作，对此我们好像显得有些碌碌无为，但完全不必担心。因为科学技术一旦发展到一定程度，就会呈现谁也无法预知的涌现性。

但是当人类欢庆智能化革命给人类社会生活方式带来如此“红利”和“舒适度”的同时，也可能会给人类带来无法预知的“毁灭性”灾难。智能化革命可以简单地区分为弱人类智能、类人类智能和超人类智能。可以想象，一旦机器和周边的万物迈出惊险的一跳——具有独立思考能力以后，将意味它们可能还会迈出可怕的另一跳——不再听命于人，那时人们自己事先设计的所有程序可能都会瞬间失灵。那样的世界是不可想象的，所以人类在智能化革命的道路上必须坚守一个底线，即绝对不能允许机器彻底独立思考！否则，就会使人类自身陷入万劫不复之渊！

智能化战争的“四大”变革

毫无疑问，人工智能技术的进步已经将人类社会的车轮推入智能时代。有什么样的时代，就有什么样的战争。同样，无论世界各国是否做好准备，无论相关专家学者如何警醒呐喊智能化战争可能是悬挂于人类头顶的另一把“达摩克利斯之剑”，但人类社会发展史和人类战争演进史的“双重”铁律必然激荡出：智能化战争的洪流正在迅猛而来，智能化战争的步伐谁也无法阻挡。战争形态导控军事斗争准备，要想占据未来战争生死对决的制高点，首要的是认清未来是什么样的战争。因此，从理性的高度，深思、廓清、抽取智能化战争的典型特征，不仅是研究智能化战争本身无法回避的门槛，而且是理解和掌握未来战争制胜机理的重大时代篇章。

一、战争主体的整体剧变

翻阅整个人类战争史，人与武器装备的“二元”要素始终是战争活剧的主体。但智能化战争中，战争主体的构成要素不仅呈现“三元”特征，而且在战争舞台中的“装扮”“戏份”“角色”也发生了整体剧变。

对抗主体构成要素角色重新定位。从冷兵器战争、热兵器战争到机械化战争、信息化战争，人与武器装备始终是战争对抗的主体，作战双方通过人直接操控武器装备相互厮杀是交战的基本形式，人与武器装备始终共同活跃在战场一线。与以往战争形态相比，智能化战争主体构成要素新增了成员，角色必须重新定位。一是新增智能机器人。除人、武器装备，智能机器人不仅会成为战争主体的构成要素，而且会“唱主角”“挑大梁”，担负指挥员、战斗员、保障员等多重角色，活跃在战场的各个角落。二是无人武器装备占据战争前台。未来战场的对抗和释能方式将不再是人直接通过肢体操控武器装备，而是通过远程控制武器装备或与智能武器装备自身之间的直接交战，血肉模糊的场景不会再现，取而代之的是钢铁与钢铁的碰撞。三是人完全退居战争后台。冷兵器战争对抗的实质是体能，热兵器战争与机械化战争对抗的实质是技能，信息化战争对抗的实质是信息能，智能化战争对抗的实质是智能。智能化战争中，人不需再到战场一线搏杀，主要职能是在战争后台释放人类智慧，专司主营作战筹划、战场调控等富含创造性思维活动的工作。

武器装备的外在形态呈现“三化”。武器装备是战争对抗主体的重要构成要素，是遂行作战任务的物质基础，决定着战争对抗的方式和作战样式。智能化战争中，火炮、坦克、大型飞机与舰艇等传统作战平台可能将再无用武之地，取而代之的是“三化”武器装备。一是无人化。无人化可能将是所有武器装备的最低“配置”，在没有人操纵的情况下，武器装备自主机动、展开、射击将成会为常态。二是隐身化。随着纳米技术、量子技术等新型科学技术的发展，蚊子飞机、虫子坦克、苍蝇直升机、蝌蚪舰艇等小体型高效能武器装备将会真正登上战争舞台，遂行作战任务，现有侦察监视技术手段对其可能束手无策。三是智能化。智能化是智能化武器装备的主要标志，未来武器装备将能够自主侦察、自主监视、自主决策、自主打击、自主评估及自主攻防转换，实现“侦、控、打、评”一体，“进、退、攻、防”一体。

要素在战争中的身份多重合一。在智能化战争形态出现之前，由于武器装备的智能化程度较低，武器装备之间的互动不够高效，要将复杂庞大的战争体系有机结合和运转，需要具备不同功能的武器装备遂行侦察、控制、打击、防护、保障等各类作战任务，需要大量的人广域分布在战争体系的各个岗位，承担武器研发、武器生产、侦察情报、指挥控制、作战保障、信息保障、后装保障、政治工作等各项任务。智能化战争时代，人与智能武器装备均呈现为“一个实体、多重身份”的特征。一是人的身份多重合一。在战争后台，某一领域的专家可能既是武器装备的研制者，也是武器装备的操纵者，还是武器装备的维护者。二是智能武器装备的身份多重合一。由于智能武器装备具有自主感知、自主决策、自主评估能力，作战过程中可能既是遂行作战任务的战斗员，也是战场态势的评估员，还是根据战场态势适时下达作战指令的指挥员。

二、体制编制的颠覆重塑

体制编制制约影响作战样式和作战效能。反之，有什么样的战争形态和作战样式，就应该有什么样的体制编制与之相适应。智能化战争，由于智能化程度跃升这一根本因素的辐射渗透作用，导致军队体制编制的结构、构成比例与构建方式颠覆重塑。

编制结构呈现倒“蘑菇”型。自人类社会出现武装力量至今，世界所有国家的军队体制编制虽然千差万别，但总体结构基本均是“金字塔”形，即自下而上形态逐渐收缩。这种体制编制之所以延续至今没有发生革命性变化，从理论上来看，符合管理学的层级管理理论；从实践上来看，确实是一种机构简单、权责明晰、组织稳定、行之有效的组织体制。而深埋其后的根本原因是：限制于人的智能（管理能力），增加管理幅度必须增加相应的管理层级。智能时代，由于人的智能得到充分挖掘且外存于人体之外，且武器装备本身又具备一定智能，在人类智慧与人工智能的协同增效下，军队各级指挥机构的管理与作战指挥能力得到空前提升，其编制数量自然就会大幅缩减。另外，由于智能武器装备成本低、研发生产及补充速度快，为聚合作战效能，必然会编配大量智能武器装备。因此，从整体来看，军队体制编制将会呈现底部宽大、向上细短的倒“蘑菇”型。

人与武器装备构成比例倒转。冷兵器、热兵器、机械化战争时代，人与武器装备的匹配方式主要表现为一人操控一台武器装备、多人操控一台武器装备；信息化战争时代，虽然人对武器装备的监控及对个别武器装备的操纵实现“一对多”，但人与武器装备的匹配方式主要还是“一对一、多对一”。概而观之，在军队体制编制中，时至今日人的数量远远大于武器装备的数量。但智能化战争时代，将会出现三种情况：一是人的工作由智能机器人代劳。随着智能机器人列编指挥机构与任务部队，以及武器装备无人化、智能化程度的提升，人从体能、技能性工作中完全解放，从智能性工作得到很大解放，人原来承担的很多工作由智能机器人代劳，人的数量必然大幅缩减。二是人机交互方式更加有效。智能武器装备的语音、文字、图像识别能力基本等同于人的辨识能力，甚至能够与人通过脑神经直接交互，这样便可实现一人操作多台武器装备。三是武器装备数量大幅增多。如前所述，适应新的作战样式，武器装备的编制数量会大幅增加并可根据作战需要快速增补。基于以上原因，武器装备的编制数量必然会远远大于人的编制数量。

体制编制更加弹性可塑。体制编制是关于军队整体结构和具体编组的制度，规定着各个建制单位的下级单位、岗位设置以及武器装备、设施器材的具体类型、数量，通常来说具有很强的稳定性。但在智能化战争时代，传统刻板僵化的体制编制可能不太符合军队建设实际情况与作战需要。一是武器装备升级换代速度加快。智能时代，由于武器装备体形小、所用材料少、研发周期快，武器装备的更新换代速度可能就会像现在智能手机一样，每天优化一次内部算法，每周更换一次硬件配置，每月推出一款新的产品。二是武器装备需求数量不确定性大。由于“蜂群”式作战可能成为主要作战样式，较之以往战争形态作战中所需的武器装备数量，智能化战争时代所需武器装备的数量可能会成指数级上升。这种情况下，区别到底是使用 1000 个还是 999 个“蜜蜂直升机”，显然已不太重要。

三、作战样式的彻底变革

战争主体构成要素的聚变及体制编制的结构重塑必然引起作战样式的彻底变革。智能化战争时代，无论是美军倡导的空地一体战、空海一体战、多域战、全域战，还是俄军的混合战争等联合作战样式均不得不禅让战争舞台，地面装甲集团、空中战机、海上舰船立体联合作战的震撼场景将不会再现。

以量增效的“集群式”作战。现代战争，战争主体主要按照“作战集群—作战单位—作战单元”模式编组，基本对应“军—旅—营”三个层级。即营级规模的作战单元是基本作战编组，其所属同类型主战武器装备的数量基本在百台以下。此外，自精确制导弹药问世以来，精确打击已成为现代战争作战方式的耀眼“明星”，倍受世界各国青睐。但自古以来矛盾相长，近年来世界主要军事强国的战略预警与防空反导能力得到空前重视与长足发展，并成为衡量一国战略反击能力的重要指标。智能化战争时代，凭借体形小、成本低、研制快的优势，编配作战单元的武器装备数量级可能会以千、万计量。因此，为确保作战效果与成功突入作战对手防空反导体系，以千、万数量级编组的“空中蜂群”“水中鱼群”“陆上狼群”以乌云压顶之势，对数个作战目标实施群殴，可能将是一种主要作战样式。

隐形预置的“木马式”作战。长期以来，凡善谋用兵者均对古希腊人使用“木马计”攻打特洛伊城赞叹不已，“木马计”已然成为作战谋略成功运用的象征与典范。现代战争虽然也有诸如特种渗透破坏行动，但受制于现代侦察监视技术的制约，这些现代版的“木马”行动也仅仅是规模有限的特例，神话中“木马计”所达成的作战效果再也无法复制。智能化战争时代，武器装备不仅可以外在呈现为牛、马、羊等毫无威胁感的形态，而且在智能技术的支撑下，可以使武器装备暂时休眠，将武器装备以外贸交易、礼品赠送的方式堂而皇之地运输到预定作战地域或作战对手的大后方。根据作战需要，采取定时、条件感应或远程遥控等方式，将武器装备激活。届时，“木马计”不再仅仅是停留在历史故事中的神话，“木马式”作战将会成为一种主要作战样式被广泛复制与运用。

精确点杀的“独狼式”作战。“射人先射马，擒贼先擒王。”古往今来，所有军事理论家概莫能外地重视与强调“核心目标”与“领雁效益”的重要性，所有作战指挥员都在力求通过打击要害目标追逐作战效益的最大化。现代战争中，特种破袭成为一种重要的独立作战行动，对政治首脑、军事统帅实施“斩首式”打击成为直接达成战略目标的首选。但受制于警戒防卫的严密性，近距离接触敌核心目标难度很大，“猎杀”的成功率很低。智能化战争时代，凭借其良好的变形性与隐身性，智能武器装备能够更加轻松地突破警戒防卫体系并接近目标，在目标召开会议、就餐、休息等毫无防备的情况下，以蚊虫叮咬、宠物舔吮等方式对其实施突然精确式点杀。

控智瘫体的“失能式”作战。由于现代战争是基于信息网络系统的体系作战，破网断链必然是克敌制胜之道。智能化战争时代，广域分布的信息网络实现末端集成，武器装备实现“侦、控、打、评”一体，武器装备对作战空间的电磁环境依赖性降低，致力于破网断链难以达到瘫痪敌作战体系之目的。基于争夺“制智权”是智能化战争作战双方对抗的焦点，因此进入作战对手的思维链路，研究、分析、掌握作战对手对武器装备的控制算法与作战体系运行逻辑，以管理员、指挥员、控制员身份介入作战对手的作战指挥链路，采取改写程序、下达错误指令等方式，指挥敌武器装备停止或发起错误作战行动，打乱敌作战编组，干扰敌作战协同，最终使敌作战体系失能失效。

四、作战指挥的深层裂动

无论何种战争形态，作战指挥构成的“四要素”不会变，但战争形态决定作战样式，作战样式决定力量编组，力量编组决定作战指挥。诸多因素剧变效应的累加聚合，必将引起战争顶层——作战指挥的深层裂动。

指挥体系横宽纵短。纵观军队指挥的发展史，对应战争形态的演进路径，军队指挥体系大体经历了“直线型—树形—网型”的发展过程。尤其是纵横一体的网状指挥体系大大缩短了指挥信息流程，增强了作战指挥体系的稳定性。深挖指挥体系演进过程的背后逻辑，最大限度减少指挥层级、增大指挥跨度是贯彻其中的一条不变主线。但受制于作战空间物理极限、指挥手段信息传输极限、人生理极限及思维逻辑极限的限制，一个指挥层级的指挥跨度始终囚禁在 5 至

10之间。在智能化战争时代，由于指挥者与被指挥者之间交互的智能程度更高，智能机器人广泛编入指挥机构，不仅能够辅助人大大提高了作战指挥效能，而且能够替代人履行部分作战指挥职能，使一个层级作战指挥机构的指挥跨度明显增宽，指挥同样数量的武装力量，指挥层级可以得到锐减，整个指挥体系呈现横宽纵短的结构特征。

指挥机构小型合成。指挥机构是导控战争舞台的大脑，为将指挥优势转化为行动优势，“小行动、大指挥”是现代战争的典型特征。然而智能化战争时代，指挥机构的构成方式将会得到根本性改变。一方面，随着指挥信息系统智能程度空前提升，智能指挥信息系统可以集态势融合、分析判断、作战筹划、作战控制、信息保障等功能于一体，能够承担指挥员与指挥机关担负的大量工作，现在“要素—作业组—席位”的指挥机构内部编组方式已完全没有必要。指挥机构内部编组呈现智能机器人为主、人员为辅、数量规模空前压缩的特点。另一方面，由于智能作战指挥对指挥人员能力的专业性和复合性要求很高，所以指挥机构内部人员既要有善于用兵的优秀指挥员，也要有精通人工智能、云计算、大数据的专业技术精英；指挥机构内部个体最好不仅可以充当指挥员，也可以胜任控制员、程序员与保障员。

指挥周期极限压缩。根据博伊德的“OODA”环理论，“侦察—判断—决策—行动”构成一个完整的指挥周期，指挥周期运转越快，就越容易获取指挥主动，赢得指挥优势和行动优势，指挥周期运转越慢，就越容易陷入指挥被动，失去指挥优势和行动优势。优化指挥体系、改善指挥手段的主要目的就是缩短指挥周期，通过获取指挥优势获得行动优势，进而获得作战主动权。由于智能武器装备实现侦察、判断、决策、行动功能集成，指挥信息在一个实体内流转，指挥信息流转的链路大大缩短，发现即摧毁将成为一种常态。同时，由于智能指挥信息系统掌握判断情况、做出作战决策、计划组织作战、协调控制行动、评估战场态势智能化程度的提升，作战指挥活动各个环节的效益会大大提高。指挥链路的极限缩短和指挥效益的提升必然使指挥信息流转提速换挡和指挥周期极限压缩。

指挥方式高度自主。集中指挥、分散指挥、逐级指挥、越级指挥一直是古今中外作战指挥领域公认的四种基本指挥方式。而区分四种基本指挥方式的深层逻辑是对不同层次指挥机构的指挥职权进行分配。智能化战争时代，由于智能化武器装备具有自主感知、自主判断、自主决策、自主控制的功能，同时指挥层级高度缩减，作战指挥职权的重心向指挥链的末端——智能武器装备下沉，基于赋予任务、适时干预的集中指挥与高度自主的分散指挥将成为作战指挥的主要方式。即除分配作战任务及调整作战过程中出现的重大偏差需要集中赋权和重新配权外，主要依托智能武器装备自身实施自主指挥。另外，从战略到战术总体呈现为逐级指挥，但由于指挥层级纵向高度压缩和作战指挥智能程度较高，根据战场需要也可适时进行越级指挥。

智能化战争作用机理

当人类社会演进的指针走到今日，谁也无法否认智能时代已经来临！一种时代对应一种战争形态，同样也许我们还没有真正打过一场信息化战争，但智能科技革命的浪潮正在不以我们主观意志为转移地将智能化战争的洪流推向战争舞台的中央。社会实践反复证明，试图阻挡时代前进的步伐，只会被历史的车轮碾压；战争实践反复证明，只有提前认识未来战争，准备未来战争，才能在战争中掌握制胜的主动权。因此，从这个意义上说，研究智能化战争的制胜机理是认识智能化战争最核心、最本质、最重要的内容，是准备下一场战争躲不开绕不过的课题，是解析与掌握未来战争制胜之道的根本性工作，意义重大而深远。

一、前沿科技支撑战争运转

科学技术是第一生产力，也是第一战斗力。人类社会发展史与人类战争史共同表明：随着战争形态的不断演进，科学技术在作战体系中的作用只会越来越大，最先进的科学技术往往最先活跃与广泛应用于战争的各个角落。进入智能时代，系列前沿科技犹如雨后春笋般瞬间涌现，前沿核心科技在战争中的作用比以往任何时代更加重要与突显。

信息技术支撑体系融合。纵观战争形态的演进过程，如果把作战体系比喻成一个人，以冶炼技术为标志的冷兵器战争形态，以火药技术为标志的热兵器战争形态，以及以电力、机械制造技术为标志的机械化战争形态增强了人的肢体，提高了武器装备的杀伤当量；以计算机网络技术为标志的信息化战争延长增多了人的神经，使得作战感知空间更加广阔，作战体系更加融合紧密；以人工智能技术为标志的智能化战争增强了人的大脑，使得作战体系运转更加科学自主。任何一种新的战争形态都是在上一种战争形态基础上演进发展而来，绝不可能将旧的战争形态彻底摒弃。时至今日，也有不少军事专家认为智能化战争只是信息化战争发展的高级阶段，对于这种观点虽然我们难以赞同，但对于“智能化战争确属信息化战争发展到一定阶段的产物”这一观点，恐怕没有人会否认。因此，智能化战争作战体系的融合与运转，不仅仍然依赖于信息网络技术，而且对信息网络技术的要求更高。

人工智能支撑自主作战。高度自主作战是智能化战争最为典型的特征，而“自主”便意味着在没有人干预的情况下，能够自主感知、自主分析、自主判断、自主决策、自主计划、自主协同与控制。毫无疑问，要实现这些功能，需要“类脑”功能的背后支撑。智能时代到来之前，在人类走过几千年的历史长河中，找出能够替代人类智慧的智能犹如天方夜谭。但近年来，随着人工神经网络与计算机技术的深度融合发展，人工智能技术发展迅猛并日臻成熟，为自主作战提供了可能。可以说，没有人工智能技术的支撑，战争形态迈进不了智能化；人工智能技术的发展程度直接决定作战的自主程度。因此，人工智能技术是支撑智能化战争最为核心、最为关键也最为重要的技术。

芯片技术支撑武器集成。现代战争，侦察、感知、控制、打击、评估等各个子系统异地分布在全域多维作战空间，各个子系统、各个作战平台通过覆盖陆、海、空、天、电、网、核等多维空间的庞大信息体系实现作战能力的生成与释放。未来战争，武器装备就像智能手机一样，能够将侦察网、感知网、控制网、打击网、评估网等广域信息网络实现末端集成。届时，“蜜蜂”飞机、“螳螂”坦克、“蝌蚪”舰艇等微小型武器装备，将替代现在意义上的飞机、坦克、航母等大型作战平台，在战争对抗的前台唱主角。另外，武器装备的小型化与集成化关联密切，只有实现了高度集成才有可能缩小体形。无论是集成化，还是小型化，起核心支撑作用的就是芯片技术。芯片技术的发展直接决定网络信息体系的集成程度，网络信息体系的集成程度也直接决定武器装备的集成程度与体形设计。简而言之，芯片技术水平越高，武器装备功能的集成程度便越高，武器装备的体形才能压缩的更小。

二、智能优势主导作战胜势

正如任何一种事物都有推动其运动发展的主要矛盾一样，同样任何一种战争形态也都有主导作战胜势形成的核心决定性因素。智能化战争形态取代信息化战争形态的背后，深埋着另一条重要制胜机理：在战争舞台上，智能优势正在取代信息优势成为决定决策优势与行动优势，并进而主导作战胜势的“制胜一号”。

智能优势主导算法优势。放眼古今中外的军事家，无论是西方兵圣克劳塞维茨、军事天才拿破仑，还是中国兵圣孙子、伟大军事家毛泽东，均反复强调人的主观能动性在战争中的重要作用。同样，无论是战争规律，还是战争指导规律，均蕴含着“人是决定战争胜负的最重要因素”这一铁律。之所以如此突显人在战争中的作用，其根本原因还是人具有其他生物无法比拟的智慧。从广义上来看，算法是描述解决问题的策略方案。从某种意义上说，作战指挥的过程就是指挥员寻求最优算法解决战争中矛盾问题的过程。毫无疑问，只有高水平的智慧与谋略才能形成较优的作战方案（算法）。从狭义上说，算法是程序员编写的解决具体问题的程序指令，是主导战争运转的逻辑规则。同样，只有指挥员、程序员具有强大的智能，才能编写出能够适应战场情况、满足作战需求的算法。

算法优势决定决策优势。在人工智能出现之前，人是作战决策的主体，人智慧水平的高低决定决策质量的优劣。也许有人会问：作战指挥信息系统不是早已存在了吗？的确，信息化战争时代，作战指挥信息系统的出现确实大大提高了指挥效率与指挥的科学性。但客观地讲，其主要担负的是统计、计算及组织计划工作，起到的是辅助决策作用，并没有真正与指挥员的思维碰撞融合，更没有替代指挥员决策。智能化战争时代，内嵌集成算法模块的智能指挥信息系统及智能武器装备具备自主分析思考功能，能够像人的大脑一样，根据预先设计的算法逻辑，对战场情况侦察感知、对比印证、分析判断，并适时调取、优化或生成新的决策方案，真正替代指挥员做出决策。因此，算法设计的合理性、有效性直接决定决策的合理性、有效性，算法优势直接决定决策优势。

决策优势驱动行动优势。战争外在呈现为作战力量的实体对抗，内在呈现为作战指挥的谋略对抗，决策导控行动，决策优势驱动行动优势是所有战争形态运行的普遍逻辑，当然同样也适用于智能化战争。如果说作战指挥是规范作战体系运转的剧本，那么决策便是剧本的核心思想与精华。决策涉及作战目标的选择、战役战法的制定、作战力量的使用、作战资源的调配、作战行动的设计等事关战争进程的诸多关键性因素，对作战全程起着“牵一发而动全身”的决定性影响。决策正确合理，作战力量与作战资源才能实现最佳配置，作战行动才能有序并释放出其应有或最大作战效能。决策错误欠妥，作战力量与作战资源便会错乱配置，作战行动便会混乱无序，作战效能便难以实现最大限度地整合与释放。

三、三种方式裁决作战胜负

自人类战争史以来，战争的胜与败是任何一场战争都难以脱逃的终结，同时也始终是作战双方最为关注的焦点。当然，使对方屈服于己方意志是裁决一切战争胜负的唯一标准。但智能化战争时代，由于武器装备、作战指挥、作战样式发生了革命性变化，其裁决作战胜负的方式必然也会出现许多新特征、新机制。

毁智乱神实现瞬时瘫体。战争只是达成政治目的的暴力工具，“兵贵胜，不贵久。”自古以来，“不战而屈人之兵”或者尽量减少伤亡快速达成作战目的一直是善战者孜孜追求的目标。任何一种战争形态，都有支撑其作战体系运转的核心，找不出核心，盲目施力，只会事倍功半；对准核心、直击要害，就会事半功倍。正如破网断链是打开信息化战争作战体系的钥匙一样，毁智乱神就是打破智能化战争作战体系“金刚罩”的命门。需要注意的是，这里所指的毁智乱神有两层含义：一是通过乱智攻心或制造战场迷雾，使对方的指挥员（人）失去独立思考能力，无法正确决策。二是通过黑客破解、改写或扰乱对方的智能算法逻辑，使其人工智能决策系统或智能化武器装备失能失效，智能化战争时代的毁智乱神主要体现在后者。

精巧设计达成以小搏大。如前所述，武器装备无人化、小型化、隐身化将成为智能化战争的典型特征之一。有什么样的武器装备，打什么样的战争。机械化战争时代，打的是基于大型作战平台的层层剥皮式的线性作战及大纵深作战；信息化战争时代，打的是基于网络信息体系的多维立体联合作战，智能化战争时代，打的是基于智联网的程序算法战。智能化战争时代，由于武器装备向微小转变，作战行动向狭窄空间渗透延伸，“蜂群”“木马”“独狼”等看似“友善的宠物”，能够轻易隐蔽地接近、捕捉、猎杀、失能对方的政治首脑、军事将领、指挥通信系统或者大型作战平台。通过对战场情况的准确侦察感知、分析判断及周密筹划、精心设计，完全可以实现以战术甚至战斗行动直接达成战役战略目的之目标。

机器主战直至极限对抗。回望战争形态演进的过程，人的数量在战争前台越来越少。智能化战争时代，人将完全退出战争前台，战争的主战场将呈现为钢铁与钢铁之间的铮铮碰撞。这种战争形态看似大大减少了人的伤亡，彰显了对生命的尊重，但殊不知正是由于战争决策者远离战场及感受不到战场的血腥及残酷，便会在无形中降低人类对战争的敬畏感，从而增大战争爆发的风险与频率。此外，“算法＋材料”生产武器装备的低门槛、高效益使得作战能力能够快速恢复再造，这又在无形中鼓励与支撑战争中的任何一方都不要轻易低头屈服。最终，导致战争强度无限扩大，战争持续时间无限拉长，直至某一方国力消耗殆尽。

生物战离我们有多远

战争形态决定战略指导。处在国际战略格局的深度调整期、新一轮科技革命的强劲发轫期、战争形态转型升级的快速质变期，毫无疑问，深度思考与研究定位“下一场战争到底是什么样的战争？我们究竟应该准备打一场什么样的战争”，不仅是制定战略指导躲不开、绕不过的重大问题，同样也是研究战争、准备战争不得不关注、不得不思考、不得不回答的首要命题。遗憾的是，在这场“关于未来战争定位”的多元争论中，我们实在不想也不敢自大地给出唯一的答案。但即便如此，我们仍然认为即使“生物战”不会成为一种主导性的独立战争形态，也会成为一种不可忽视的重要的作战样式或作战行动，是必须引起高度重视与防范的“战争风险流”。

一、生物战的阴霾从来没有远去

我们必须清醒地认知“生物战”“生物武器”绝非因为我们没有感知而消失，生物威胁的阴霾其实早已并且一直存在。

生物战的历史溯源。由于历史资料的欠缺，也许我们很难准确地追溯历史上真正意义上的生物战究竟源于何时。但据战史记载，早在 1346 年鞑靼人围攻卡法要塞时，就曾通过投放死尸使敌人感染鼠疫而宣布投降。1763 年，英国殖民者侵略美洲时，也曾用沾染有天花病人分泌物的毛毯等物品故意感染印第安部族。也许当时这些非正规手段并没有冠之以专有的“雅名”，也未曾想到它会对战争形态、战争样式以及人类的生存产生何种影响，但其的确无意识地开启了一种新的作战方式——生物战。此后，第一次世界大战期间，德军多次使用炭疽与马鼻疽病菌袭击协约国军队、平民与牛马，生物武器的威力再一次得到验证与释放。

生物战的及时入笼。第一次世界大战之后，生物武器的使用遭到各国人民的强烈反对，战后于 1925 年 6 月 17 日在日内瓦签订禁止使用毒气和细菌武器的议定书，明确规定“各缔约国应严格遵守这项禁令，并同意将这项禁令扩大到不得使用细菌方法作战”。虽然当时的缔约国数量非常有限，而且条款也可能并非周到尽善，但用历史的眼光进行审视，无论是出于对“生物武器”杀伤力的惊恐，还是出于对平民的人道主义保护，应当承认当时各缔约国的这一举措不仅非常及时而且意义重大，为禁止“生物武器”的使用与扩散编制了初始“牢笼”，在禁止生物武器的使用与扩散上具有标志性与里程碑意义。

生物战的破笼而出。虽然一战之后，人们就已经意识到必须把生物武器及时“扼杀”在摇篮之中，但遗憾的是生物武器并没有完全被关进“潘多拉魔盒”，更没有真正彻底“夭折”。比如，侵华日军在我国设立的哈尔滨 731 部队、长春 100 部队、广州波字 860 部队、南京荣字 1644 部队，大量生产鼠疫杆菌、炭疽菌、伤寒菌并进行活体试验，并多次使用攻击我国军队和平民，犯下不可饶恕的滔天罪行。1952 至 1953 年，侵朝美军无视国际公约，在中朝境内散布细菌多达 2943 起。

生物战的隐蔽存在。1971 年 12 月 16 日，联合国大会制定和通过《禁止细菌（生物）及毒素武器的发展、生产及储存以及销毁这类武器的公约》（简称《禁止生物武器公约》），1984 年我国加入。此后世界各国陆续加入公约，截至 2019 年 11 月，共有 183 个国家成为《禁止发展、生产、储存细菌（生物）及毒素武器和销毁此种武器公约》缔约国（名称与之前有所变化）。由此可见，关于禁止生物武器的使用与扩散已在世界范围内基本达成共识。

二、生物战的引信随时可能触发

无论负有良知的各国专家学者如何警醒呐喊生物武器极有可能是悬挂于人类头顶的另一把“达摩克利斯之剑”，无论爱好和平的善良人们如何强烈要求务必将“生物惊魂”牢牢锁进“潘多拉之盒”，但生物战本身能够带来的以小博大的“蝴蝶”效应足以诱使战争恶魔罔顾事后风险随时触发生物战爆发的引信。

能够撼动执政领导地位的政治效应。生物战极强的隐蔽性、突发性与难以预测性，对国家执政者的组织力、领导力、控制力无疑形成极大的挑战与考验，并进而影响民众对执政者的公信力。执政者对生物武器攻击的认识程度、态度立场、外交回应、应对策略、处置效应不仅会直接折射到国内的政局稳定，也会影响国际地位与形象，处置不当或不利极有可能被发动生物战的始作俑者或国家分裂势力伺机利用。

能够迟滞国民经济运转的经济效应。自人类社会发展至今，虽然在科技的推动下，生产自动化的程度不断提升，但客观地讲，截至目前，社会生产活动还远远达不到智能化的水平，经济运行对人的依赖程度还很高，人在经济活动中仍然发挥着主导性、支撑性、枢纽性的作用。因此，不难想象一旦遭受生物攻击，不仅会导致劳动密集型产业整体瘫痪，而且由此会造成整个社会生产链的流动停滞。同时，对医疗资源超限需求与对其他资源限制消费的双向“拉锯”效应又会造成社会资源的失衡分配与资源浪费。比如，据世界银行行长金墉表示，2002至2004年的“非典”造成经济损失约400亿美元；由于“埃博拉病毒”影响，2014年西非经济骤降4%；据中国统计局发布数据，初步核算，2020年第一季度GDP单季同比增速降至－6.8%；2020年全年中国GDP增长仅有2.3%。而美国2020年GDP增速为－3.5%。当然，如此举证并非为“非典”“埃博拉病毒”“新冠疫情”定性，但生物战所能产生的经济效应与之相比有过之而无不及。

能够不战而屈人之兵的军事效应。百战百胜非善之善者也，不战而屈人之兵善之善者也。最大限度地保存自己与消灭敌人历来是兵家将帅的追求目标。在对手没有意识与毫无防范的情况下，完全可以通过向对手投放细菌、病毒等生物武器，使对手的有生力量在常规作战发起前产生大幅度“非战斗”减员或损伤，从而迫使对手放弃或中止军事行动。也许生物武器没有导弹、火炮等热武器爆炸时的隆重仪式，但其“毒性”蔓延之后能够于无声无色中产生远比硬火力杀伤大得多的作战效益。1918年，全球经历了两件导致人口大量死亡的重大事件：一个是第一次世界大战，4年内30多个国家共约6500万人卷入其中，1000余万人死亡，2000余万人受伤。另一个是大流感，3年内全球10亿人感染，5000万人死亡。流感造成的死亡人数是第一次世界大战的5倍！截至2021年5月27日16时44分，全球海外新冠肺炎病毒感染者累计确诊169236074例，死亡3509622例，而仅美国感染人数就达33971207例，死亡606179例，死亡人数远远超过美国在越南战争中死亡人数的总和10倍（58220人）。此外，生物武器攻击的军事效应不仅体现在对军事人员的直接“杀伤”上，而且能够间接导致军事力量、军事医疗资源、国防动员潜力的大幅消耗。比如，截至2020年3月1日，为支援抗击“新冠病毒疫情”，中国军队共抽调4000名医疗人员驰援武汉，63所军队医院投入抗疫救治，组织动用20多万民兵预备役人员。

能够引起民心动荡惶恐的社会效应。生物战的最大攻击力其实不是能够直接感染多少人，而是其攻击方式的隐蔽性与未知性对普通民众造成的心里惶恐及由此带来的社会秩序混乱。生物战的特点之一是攻击对象不受军民界限约束，即平民没有不受攻击的豁免权，并且什么时候在什么地点以什么方式成为攻击的对象无法准确预知。人人均可中招、时时均可中招、处处均可中招的客观可能性，自然使民众滋生焦虑、惶恐与不安全感。若政府导控失效或不够及时，极有可能出现民众为规避风险而盲目抢购囤积物资、物价上涨或者恶意破坏生产生活资源的现象。

三、时刻准备应对随时到来的生物战

正如爱好和平并不代表放弃战争准备一样，我们只有着眼最坏可能，做好应对之策，才能最大限度地降低生物战的爆发风险，才能最大限度地降低生物战带来的损失。

夺取制生物权是根本之策。纵观整个人类战争史，从某种程度上说，一部战争形态演变史就是一部科技进步史，谁掌握了科技革命的主导权，谁就掌握了战争的主动权。并且可以预见，这一被历史屡次证明过的铁律在未来会被实事再次证明。生物战说到底是生物科技主导的战争，拼的不是有生力量的多少与常规武器装备的性能，而是生物科技水平。未来战争中，谁能占据现代生物科技的制高点，谁就可以找到医治对手制造与投放的“生物病毒”的“解药”，谁就可以轻易化解对方发起的生物武器攻击。反之，即便再强大的军队在对手“生物武器攻击”面前，也毫无招架与还手之力。虽然人类一次又一次地先后克服了鼠疫、天花、麻疹、非典、埃搏拉病毒、甲型 H1N1 等重大传染性疾病，但无论人类如何自我夸赞其在认识、征服与改造自然上取得的长足进步，如今仅一个小小的“新冠病毒”就难倒了全球数以千万生物科技专家的不争事实，使我们必须承认人类在认识生物与生命本源的道路上还有很远。因此，在生物、医学领域，要加强国家层面顶层规划设计，整合使用科研力量与资源，聚合顶尖人才重点研究攻关，推动功能基因组、脑机接口、脑科学等生物科学前沿领域研究向纵深挺进，掌握引领现代生物科技的核心制高点，唯有如此才能在“生物权”的对抗中获取主动优势。

加强国际合作是必由之路。无论是从现有条件角度讲，还是从取得效益角度讲，遏制与应对生物战风险都不是单打独斗的事，加强国际交流、取得国际支持、强化国际合作、营造国际监督是当前与今后无法回避的必然选择。一方面，封控与遏制生物战需要国际合作。对于任何一个国家的战略决策者来说，最佳战略不是思考如何打赢战争，而是如何预防与消除战争。当前，世界大多数国家已加入《禁止生物武器公约》，关于禁止生物武器研制、使用与扩散已达成共识，锁捆生物战的“牢笼”基本编制完毕。对此，要进一步借助联合国、区域性国际组织，大力倡导《禁止生物武器公约》，扩大《禁止生物武器公约》缔约成员，在世界范围内使《禁止生物武器公约》精神真正深入民心，营造禁止生物武器使用与扩散的舆论监督氛围，彻底消除企图隐蔽使用生物武器的环境土壤，把生物武器牢牢锁进“潘多拉之盒”。另一方面，应对与抗击生物战需要国际合作。“埃博拉”“新冠病毒”等疫情的全球性传播一次又一次地证明，面对病毒，任何一个国家都难以独善其身，任何一个国家都有可能是受害者。同样，生物武器传染性强、无国界限制、面积效应大、作用时间长等特点，决定任何一个国家遭受生物武器攻击都有可能造成全球风险，任何一个风险点遗漏都有可能再次造成风险大面积复发。一句话，生物武器面前，人类是一个命运共同体。世界各国必须守望相助、凝聚合力、同舟共济，注重分享防控治疗经验，加强生物医药技术合作，唯有如此才有可能取得抗击生物战的全面性彻底性胜利。

强化预案演练是当务之急。虽然当前抗击“新冠疫情”还未取得全面彻底的胜利，但适时总结经验教训无论何时都尚不为过。从全球疫情来看，为什么总人口达 14 亿的中国疫情防控能够如此高效？而世界头号强国且总人口只有 3.3 亿人的美国感染人数却达 300 万以上？如何才能在突发疫情面前做到临阵不乱、有效防控？这不得不值得我们深思与总结。当然，促成这种结果的因素有很多，中国共产党、中国政府、人民解放军在抗击“非典”、应对重大自然灾害等急难险重任务中积累的组织领导经验无疑是关键性因素之一。但我们不可能什么事都寄希望于依靠过往经历积累的经验，否则这种经验的代价与成本也难免过于高昂。凡事预则立，不预则废。显然，强化居安思危意识，加强平时情况预想预防、防护知识普及与组织实案演练，有效提高党、政府、军队各级应对生物武器攻击的反应力、组织力、处置力，是当前急需并且切实可行的有效举措。

后 记 敬时代一杯酒

无论“昨日”如何深情招手，历史的今天从来不会回头。

无论“明天”如何摆弄舞姿，历史的长河从来不会弃今天而去。

我们从来不相信宿命论。但如果说真有命中注定，那么任何一个生命体自从出生便注定于其生存的时代终了一生。

时代是无情的。无论我们是否愿意，时代是每个人都无法脱逃的生存与演绎空间。

时代又是有情的。我们对时代怎么样，时代就会对我们怎么样。我们生活的时代怎么样，不仅取决于过往时代过往人们努力的沉淀，更取决于当今时代的当今我们。

在战争与和平交替而行的历史长河中，我们有幸生活在和平年代，生活在比以往任何一个时代都优越的时代，生活在近百年来中华民族与中国人民最为骄傲、最为幸福的时代。这个时代必将成为历史进程中的里程碑，必将为历史与世界开启一个新纪元。

作为军人，作为一名作战指挥学博士，关注科技洪流走向，解析战争逻辑原理，探究指挥制胜之道，不仅是时代赋予我们的荣光，更是时代给予我们的责任。

思想之花需要用思想去浇灌才能盛开，思想之果需要用思想去滋养才能丰硕。

当今的时代，中国的当今从来不缺少富丽堂皇的装饰，她需要忠诚、需要理性，需要每个人内心深处那方最宝贵的净土——思想。对于我们，我们十分清醒地认知：敬畏这个时代、尊重这个时代、热爱这个时代的最好方式，就是走进时代的脉搏，感受时代的情绪，酿造最为甘醇的时代之酒——为胜战而思。在历史长河的舞台上，与时代尽情畅饮共舞。

酒越是深酿，越是甘醇。也许我们的思想之酒不算弥香，但我们对当今时代与中国当今足够真诚，我们愿把自己的思想倾情奉献给这个时代。

2021 年 3 月于北京